海外中国
研究丛书

刘 东 主编

[美] 阮玛霞 著

白华山 译

饶家驹安全区

战时上海的难民

THE JACQUINOT SAFE ZONE

Wartime Refugees in ShangHai

江苏人民出版社

图书在版编目(CIP)数据

饶家驹安全区:战时上海的难民/[美]阮玛霞著;
白华山译.--南京:江苏人民出版社,2011.5(2021.12重印)
(海外中国研究丛书/刘东主编)
ISBN 978-7-214-07114-9

Ⅰ.①饶…　Ⅱ.①阮…　②白…　Ⅲ.①饶家驹
(1878~1946)一生平事迹　Ⅳ.①B979.956.5

中国版本图书馆 CIP 数据核字(2011)第 087899 号

江苏省版权局著作权合同登记:图字 10-2010-567

书　　　名　饶家驹安全区:战时上海的难民
著　　　者　[美]阮玛霞
译　　　者　白华山
责 任 编 辑　张晓薇
装 帧 设 计　陈　婕
责 任 监 制　王　娟
出 版 发 行　江苏人民出版社
地　　　址　南京市湖南路 1 号 A 楼,邮编:210009
照　　　排　江苏凤凰制版有限公司
印　　　刷　江苏凤凰扬州鑫华印刷有限公司
开　　　本　652 毫米×960 毫米　1/16
印　　　张　16.25　插页 4
字　　　数　170 千字
版　　　次　2011 年 7 月第 1 版
印　　　次　2021 年 12 月第 2 次印刷
标 准 书 号　ISBN 978-7-214-07114-9
定　　　价　45.00 元

(江苏人民出版社图书凡印装错误可向承印厂调换)

序"海外中国研究丛书"

中国曾经遗忘过世界，但世界却并未因此而遗忘中国。
令人嗟讶的是，20 世纪 60 年代以后，就在中国越来越闭锁的
同时，世界各国的中国研究却得到了越来越富于成果的发展。
而到了中国门户重开的今天，这种发展就把国内学界逼到了
如此的窘境：我们不仅必须放眼海外去认识世界，还必须放眼
海外来重新认识中国；不仅必须向国内读者迻译海外的西学，
还必须向他们系统地介绍海外的中学。

这个系列不可避免地会加深我们 150 年以来一直怀有
的危机感和失落感，因为单是它的学术水准也足以提醒我
们，中国文明在现时代所面对的绝不再是某个粗蛮不文
的、很快就将被自己同化的、马背上的战胜者，而是一个高
度发展了的、必将对自己的根本价值取向大大触动的文
明。可正因为这样，借别人的眼光去获得自知之明，又正是
摆在我们面前的紧迫历史使命，因为只要不跳出自家的文
化圈子去透过强烈的反差反观自身，中华文明就找不到进

入其现代形态的入口。

当然,既是本着这样的目的,我们就不能只从各家学说中筛选那些我们可以或者乐于接受的东西,否则我们的"筛子"本身就可能使读者失去选择、挑剔和批判的广阔天地。我们的译介毕竟还只是初步的尝试,而我们所努力去做的,毕竟也只是和读者一起去反复思索这些奉献给大家的东西。

刘　东

目 录

插图目录

译者的话

　　阮玛霞(Marcia R. Ristaino)是美国国会图书馆约翰·克鲁格中心研究员,美中政策基金会顾问,著名的中国事务研究专家。阮玛霞的父亲上个世纪曾在上海生活过,由于这段情结,民国时期的上海成为她数部著作的研究主题。1987年杜克大学出版社出版的《中国革命的艺术:1927—1928年间不满情绪的煽动》是她在自己博士论文的基础上修订而成的,该书充分利用了上海公共租界工部局警务处档案中抓捕共产党人的文献,描绘了大革命失败后中共在上海组织的革命活动。2003年由斯坦福大学出版社出版的《最后的容身之港:上海的侨民社团》,研究的是第二次世界大战期间到上海避难的外国难民,其中对上海犹太难民的研究尤为出色。在该书写作的过程中,她在查阅的文献中几次发现了饶家驹神父的名字。怀着强烈的好奇心和深厚的兴趣,她开始着手研究饶家驹神父的生平和事业。在美国国会图书馆约翰·克鲁格中心的资助下,她辗转于美国、中国、法国、日本、瑞士等地,查阅了大量的档案,终于在2008年由斯坦福大学出版社出版了这部《饶家驹安全区:战时上海的难民》。

1937年"八一三"淞沪战争爆发后,日军对上海的侵略造成上海及邻近地区成千上万的人流离失所。到10月初,上海地区的难民达到130万人,到公共租界和法租界避难的难民最多时达到70多万人。租界当局出于安全考虑,战事爆发不久,就用铁栅门阻止难民涌入,于是大批难民露宿街头,集结在最靠近法租界的南市民国路。难民缺衣少食,成年人每日冻饿死者逾百人,儿童每日死亡约200人,处境极为悲惨。更为严重的是,日军飞机经常轰炸南市地区,难民经常被炸得血肉横飞,断指残骸,触目皆是。

难民处于水深火热之时,一位法国耶稣会神父倡导建立了南市难民区,这位神父就是本书的主人公——饶家驹神父。

饶家驹神父,原名罗贝尔·夏尔·埃米尔·雅基诺·贝桑热(Robert Charles Emile Jacquinot de Besange),1878年出生于法国洛林地区,16岁加入耶稣会。他1913年来华传教,曾任上海虹口圣心堂教区牧师、公共租界万国商团随军牧师、上海震旦大学教授。在震旦大学任教期间,一次在实验室研制炮仗时不慎引起爆炸,半个右臂被炸掉,从此被人称为"独臂神父"。1932年"一·二八"淞沪战争时曾任华洋义赈会会长,出入战区救护伤兵难民。"八一三"抗战爆发后,他发起组织上海国际救济会,并担任国际救济基金委员会委员、上海国际红十字会副主席等职务,积极从事各种慈善救济事业。

1937年11月初,战火燃烧到上海南市地区。饶家驹认为中日战争将长期进行,要应付长期的战局,非常需要设立"难民安全区"。他的想法得到上海各慈善团体及英、法、美各国驻沪领事的赞同和支持。经过他的多方努力,1937年11月9日,南市难民区正式成立。其位置在南市旧城厢北部,占旧城厢 1/3 面积,南以方浜路为界,东西北三面都以民国路为界,东端为小东门,西端为方浜桥。南市难民区设监察委员会,饶家驹任主席,总管区内诸事,由此,南市难民区又被称作"饶家驹安全区"。据阮玛霞研究,"饶家驹安全区"在战时上海至少保护了 30 万逃难的中国人。

饶家驹安全区的出现,为中国其他地方的难民保护活动提供了范例。随后,南京、汉口、广州、吴江、福州等地也出现了类似的安全区。"饶家驹安全区"概念在中国不同地区的实施,至少让51 万名中国人幸免于难。第二次世界大战爆发后,"饶家驹安全区"模式在法国、德国、意大利推广。1949 年修订的《日内瓦公约》的议定书和评注中,都提到了"饶家驹安全区"。由于在中国救济难民方面所做出的独特贡献,饶家驹被民国时期的报纸称为"中国难民之友"、"人道的战士"、"上海的救世主"。

但是,让人感到惊讶的是,长期以来,饶家驹的名字并不为中外学者所知,"既不为研究中国历史、战争暴行、救援组织和难民问题的学者所知,也不为研究国际组织和国际关系的学者所知",甚至,很多耶稣会成员对他也是所知不多。饶家驹似乎被历史遗忘了。阮玛霞的这部著作为我们重现了一位"独臂神父"在上海拯救难民的东方传奇,某种程度上,为这位成功创办 1937 年上海国际安全区的耶稣会士讨回了若干公道。

前面提到,阮玛霞的这部著作利用了多国的档案文献资料,从而使得研究具有十分扎实的史料基础。不仅如此,阮玛霞还对当事人或当事人的后代进行了采访,如饶家驹的夫人费尔南德·莫诺,倡导建立南京国际安全区的在华美国长老会会长米尔斯的女儿阿格尼斯·米尔斯,协助饶家驹在法租界发放慈善奖券救助难民的法国商人莱昂·里夏尔·斯那兹的女儿葆琳·威特,这大大增强了研究的真实性。在书中各处，阮玛霞还加插了饶家驹所写的诗歌，这十分有利于读者了解彼时彼地饶家驹的心境，从而使得全书在形式上显得比较生动活泼。作者还充分利用她对海外研究成果的了解，大量引证各种外文文献，这对中国学者来说具有十分重要的参考价值。

这本书不是饶家驹的个人传记，而是紧紧围绕安全区和难民问题展开的。过去对战争难民的研究，强调比较多的是如何救助难民，而对难民的生活尤其是难民营的生活关注得比较少。本书第七章《饶家驹安全区内的生活》，从社会生活史的角度，讲述了难民营内难民衣食、卫生、教育、纪律、医疗服务等方面的生活，有利于我们加深对战争时期难民生活的了解。

尽管和平与发展成为当今国际政治的主题，但世界仍旧动荡不安，局部战争频发，每年都有数以千万计的难民需要得到他人的帮助。难民成为与环境、粮食、资源等并驱的世界性问题，给世界造成非常严重的影响。阮玛霞这部研究战争难民问题的上佳学术著作，对于今天我们思考和解决难民问题是非常具有启发意义的。

此书的翻译尽管由我独立完成，但在翻译的过程中还是得到不少师友的帮助：华东师范大学的邱立波副教授帮我联系书稿，清华大学的刘东教授不仅寄给我原书复印件还对译稿提出若干修改意见，上海社会科学院的俞平编辑在法语翻译方面给予了指点，马军、段炼等学友屡屡给我鼓励，未曾谋面的江苏人民出版社的王保顶先生和责任编辑张晓薇老师也给我种种意见，在此一并致谢。本人学力有限，译文定有不周之处，敬希读者不吝指正。

白华山

2010 年 12 月 27 日

给芭芭拉·安,G.戈登以及亲爱的贝蒂

前　言

　　在本研究进行的过程中,我惊讶地发现,对于法国耶稣会神父饶家驹(Robert Jacquinot de Besange)在中国救济和救助难民中所做出的贡献,美国学者和中国研究者几乎是一无所知,甚至我遇到的大多数耶稣会士也是如此。他的一生跨越了数十年,去过数个国家,在数个团体任过职,并且还经历了第二次世界大战中的几个重要事件。他一生当中,的确在几个场合因为贡献而受到特别的嘉奖。但是,在今天,后人对他本人和生活的无知却让我颇感困惑。这一缺憾可能部分是因为他1946年在柏林过早地去世了,那时整个世界仍是一片纷乱。就在第二次世界大战结束后的数年里,他一生中有27年在那里度过的中国,则进入了内战时期。总的来说,饶家驹神父似乎有点默默无闻,但这不是他的错。

　　对他生平和事业的揭示让我确信,至少饶家驹神父的主要贡献——建立旨在为战时难民提供避难和安全的安全区,需要仔细

1

地研究和呈现。为了客观公正地评判我的研究对象,我发现需要把他的安全区概念放在他在上海这个大的通商口岸广泛开展服务的背景下进行考察。我需要阐述他的牧师工作,他在中国出现严重水灾时期所开展的广泛的救济活动,以及他在1932年日军第一次进攻上海时的敏锐观察和亲身经历。1937年日军第二次进攻上海时,饶家驹准备实施他的计划,为遭受战争威胁和处于危险中的中国人提供救济与安全。

我也从难民问题解决的及时性中受到启发。显然,今天仍存在着许多难民受苦、受难以及有时无法生存下去的例子。我所阅读过的关于饶家驹的事业的很多材料表明,有可能从他早期开展的难民救助和护理的事例中获得有价值的信息。我和那些早些时候的观察家共同拥有一个愿望,就是相信他的事例对于在今天满足难民及其团体的迫切要求上能发挥实际作用。他的安全区概念确实出现在1949年的《日内瓦公约》中,但对他的安全区是怎样出现的,则既无背景介绍也无任何解释。

既然饶家驹神父的生平和事业鲜为人知,那么一个明显的问题就是我是怎么知道他的。在研究一本以前的书时,在使用的材料中我偶然几次发现了饶家驹的名字,这本书集中探讨了另外两个重要的难民区,它们分别是由20世纪上半叶在上海寻求避难的犹太难民和白俄难民形成的。举例来说,我发现饶家驹神父是上海万国商团的高级牧师,万国商团是一个包括俄国和犹太难民组织的常备队在内的受人尊敬的准军事组织。此外,由于我已经完成的硕士学位论文研究的是另一个法国耶稣会士白晋(Joachim Bouvet),他1685年动身来中国,在康熙皇帝的朝廷里工作,因此,我对耶稣会在中国开展的工作十分熟悉。我的求知欲似乎前途光明,因此我对饶家驹神父的研究兴趣变得强烈起来。一旦时间允许,我就立即开始研究和揭示他在上海开展难民工作的迷人故事。

导致本书出版的该项研究,得到美国国会图书馆约翰·克鲁格中心(John W. Kluge Center)提供的资助。克鲁格中心的基金让我有了完成该项研究所需的时间、办公地点和资料。对此,我要特别感谢克鲁格中心的主任吉福德(Gifford)教授,他批准了该基金并给我以灵感。曾在克鲁格中心访学的我的同行:夏颂(Patricia Sieber)、陆柳(音)、特木勒、葛琳娜·叶尔莫连科(Galina Yermolenko),除了在学术上给我指导以外,他们还带给我宽厚的精神和珍贵的友谊。乔安娜·基钦(Joanne Kitching)和玛丽露·雷克尔(Mary Lou Reker)也给予我无尽的支持和帮助。

我要把真挚的感激之情献给资料查找过程中给予我帮助的档案保管员、图书管理员和学者们,他们来自:美国国会图书馆、美国国家档案馆军事档案部、富兰克林·罗斯福总统图书馆、上海市档案馆、上海市图书馆、上海社会科学院、日本外务省外交史料馆、日内瓦国联档案馆、位于南特市的法国外交部档案馆、位于法国旺弗的耶稣会档案馆、位于法国魁北克城的佩雷斯耶稣会士档案馆、南卡罗莱纳大学电影资料馆。

这方面给予我特别帮助的人有:卡罗尔·安布鲁斯特(Carol Armbruster)、潘铭、已故的彼特·卢(Peter Lu)、伊籐咏一(Ito Eiichi)、居蜜(Mi Chu-wiens)、约翰·泰勒(John Taylor)、罗伯特·克拉克(Robert Clark)、王仁芳(音)、陶本一、热田宏人(Atsuta Miruko)、弗朗索瓦丝·马克桑斯(Francoise Maxence)、

安妮-索菲·克拉斯（Anne-Sophie Cras）、耶稣会神父罗伯特·鲍菲尔斯（Father Robert Bonfils，S. J.）、维珍纳·蒂瑞丝（Regine Thiriez）、伊沙贝尔·孔唐（Isabelle Contant）、方檀（音）、格雷格·威尔斯巴赫（Greg Wilsbacher）。我的研究助手布里奇特·莱恩斯（Bridget Lines）很好地提供给我很多有用的帮助。

在学术上给我提供建议的学界同仁有：毕可思（Robert Bickers），已故的魏斐德（Frederic Wakeman，Jr.）、耶稣会士约翰·米汉（John Meehan）、魏若望神父（Father John Witek，S. J.）、潘光、徐新、江似虹（Tess Johnston）、于茂春、杨大庆以及弗兰克·约瑟夫·舒曼（Frank Joseph Shulman）。在此我要感谢仔细阅读了我的原稿的柯博文（Parks Coble，旧译帕克斯·科布尔）和一名作出了很有价值的评论的匿名读者。参阅日文资料得到塞西尔·乌耶哈拉（Cecil Uyehara）无私的帮助；法文资料尤其是诗歌方面，得到让尼娜·卡普（Jeannine Cap）、玛丽莲·克莱门斯（Marilyn Clemens）、利利亚娜·威兰斯（Liliane Willens）的帮助。彼得·德雷尔（Peter R. Dreyer）精湛的编校令原稿大为增色。罗伯特·德马里亚诺（Robert DeMariano）、伊丽莎白·廷伯莱克（Elizabeth Timberlake）、特萨·克莱因（Tessa Klein）、凯尔西·斯特兰佩（Kelsey Strampe）在技术上给予了重要帮助。

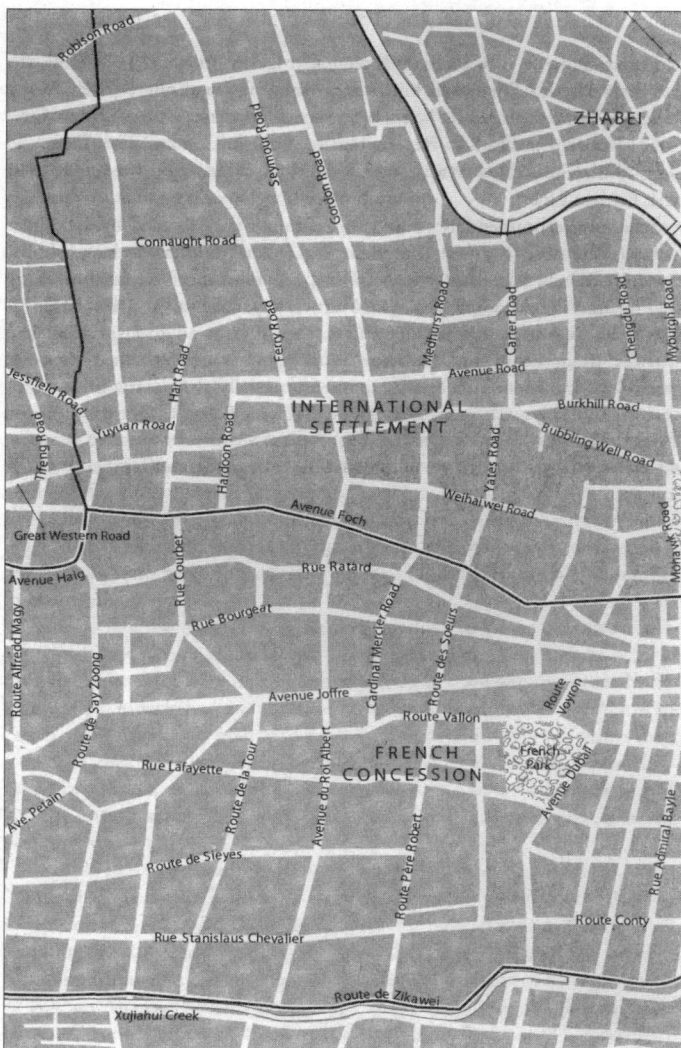

1937 年上海地图。照片出处: Marcia Ristaino, *Port of Last Resort: The Diaspora Communities of Shanghai* (Stanford, 2001), p. XX, based on a map in Harriet Sergeant, *Shanghai: Collision Point of Cultures, 1918—1939* (New York, 1990).

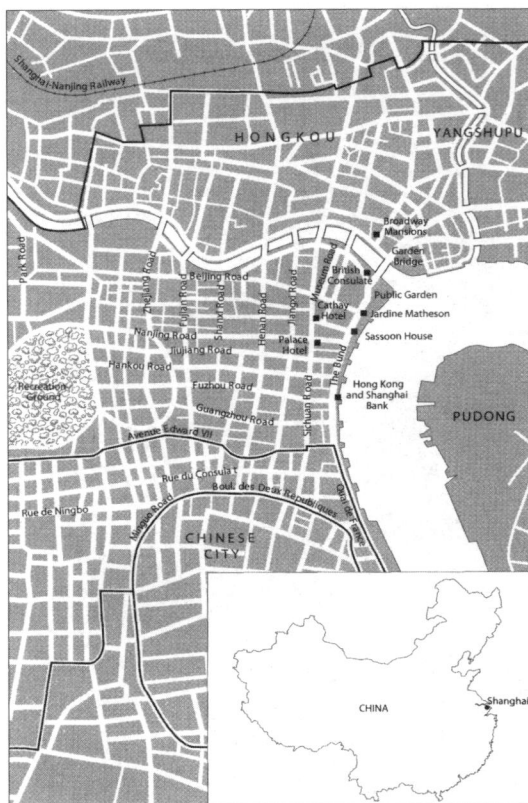

饶家驹神父,照片出处:《饶家驹安全区的
故事》(上海,1939),第 1 页。

第一章　早年岁月

这是一项关于法国耶稣会士饶家驹神父的人道主义服务的研究。在第二次世界大战中,当上海陷入城市战和难民处置的危机,饶神父曾发挥了举足轻重的作用。饶家驹神父是在 1913 年来到中国的。20 世纪 30 年代初期,饶家驹神父看到了为可怕的现代战争手段的受害者,包括从空中轰炸人口密集的城市的受害者,提供安全庇护的迫切需要。他在工作中表现出非凡的能力,调动一切可能的资源并动员官方的力量,应对日本入侵带来的灾难。他最伟大的成就,就是在日本侵略军与中国军队在上海进行血战期间,为身陷绝境的中国难民提供了一片受保护的天地——安全区。

要记述像饶家驹神父这样真正出类拔萃的人物,很难不令人觉得像是写一部圣徒传。有时,一个人的贡献,尤其是人道主义方面的贡献是如此之恢弘,以至于在其身上寻找人性的弱点或是其他缺点看起来就像是吹毛求疵。一种明智的研究方法是,尽可能多地利用各种来源的资料,因为并非所有来源都同研究对象有特殊关系,都想美化他的形象和声誉,而是能显现出研究对象更人性化的方方面面。一个平衡的观察视角,对于建立一个真实可信的人物形象是极其重要的。即便思想中有了这样的打算,在面对一个有着如此精神境界和取得如许成就的人时,要达到为他刻画一个公正形象的目标还是比想象的更困难。

对很多亚洲人来说，中日战争是第二次世界大战的开端，它于1937年8月降临上海。饶家驹神父和他的委员会建立的安全区被称为"饶家驹安全区"，它在战时的上海至少保护了30万逃难的中国人，让他们活了下来。这是历史上第一个在现代战争中在人口密集的都市保护平民的成功案例。中国一家报纸把饶家驹神父称为"上海的基督救世主"，他所创立的安全区为其他的难民救助提供了范例。① 在接下来的岁月里，受饶家驹安全区的启发，出现了其他类似的安全区，尽管当时首都南京的安全区并不成功，但在武汉、广州和其他城市，安全区都颇具成效。本研究表明，饶家驹神父的安全区概念在中国不同地区的实施，使得超过51万中国人幸免于几乎必死的大难。

中日战争，在中国被称为"抗日战争"，持续了8年之久，城乡的中国人都遭受到深重的苦难。据估计，在残酷的战争中，大约有1亿中国人成为难民。作为中国重要的工商业中心，上海在1937年8月直接受到战火袭击，难民潮水般地涌向公共租界和法租界寻求避难。日军对租界尚存顾忌，将中国人管辖的华界作为进攻重点，那里的伤亡人数和财产损失都是巨大的。发达的工厂和港口设施变成废墟。除了巨大的生命损失，战争的浩劫使许多人突然之间成为难民，而一个在此时失去生计的人，他的生活立即充满了危险、饥饿、耻辱、依附、丧失机会、前途渺茫。当然，人们作出各种努力应对危局。涌现出各种各样的救援组织，即便是国民政府，尽管其全国性的难民救助计划还在

---

① 《大陆报》(China Press)1937年11月19日，第1版；2005年6月18日《新民晚报》上的一篇文章估计安全区内的难民超过30万人。

萌芽阶段,毕竟也开始了行动,将原来地方性的救助计划尽量向全国覆盖。

人们有理由发问,如果说饶家驹做过如此重要的工作,那他为什么不为人们所知:既不为研究中国历史、战争暴行、救援组织以及难民问题的学者所知,也不为研究国际组织和国际关系的学者所知,最令人惊讶的是,竟连耶稣会也不知道他。不仅学术会议上的学者和与会者不知道他的名字,我所接触过的几个耶稣会士也没有听说过他。对此,我会尽力在本书中提供一些解释。一个可能的原因是:不论是西方学者还是中国学者都对漫长的抗日战争缺乏关注。① 学者们更关心的是弄清抗战时期毛泽东领导的共产党与蒋介石的国民党之间争斗的真相,而不是对抗战本身及其进程的研究。至少到目前为止,中国学者更愿意做的是记述中国共产党的兴起及其领导地位。

饶家驹神父显然是个天生的外交家和杰出的组织者。他作风顽强行动坚决,在战争激烈进行之际,他竟然能够把中日两国外交官和军方人物召集在一起开会,让他的安全区获得批准,同时还保证了租界当局在这个通商口岸的利益。中日双方经过数昼夜紧张激烈的谈判才同意了建立难民安全区。饶家驹随后发挥他的组织才能,制订计划和方案,救济和援助安全区内外数以万计的战争难民。为难民救援寻找资助显然是极其重要的。饶家驹开始了还在雏型期的穿梭外交,他去日本会见外相广田弘毅,去重庆会见国民政府主席蒋介石,去华盛顿会见罗斯福总统。在与罗斯福总统见面之后,他的难民营得到 75 万美元的资助。

---

① 麦金农:《武汉悲剧,1938 年》,第 949 页;柯博文:《日本新秩序下的中国资本家》,第 1—2 页。

**1937 年，饶家驹神父在上海。
照片由 Malcolm Roshost 提供。**

在美国经济大萧条时期，这可是一笔巨款。

1940 年 6 月他回到了法国，当时法国正遭到进攻，旋即被德军占领。饶家驹试图把他在上海的经验运用到巴黎一带，但结果却大相径庭。"饶家驹安全区"的概念，成为他一生为人道主义工作的历史成就的概括。在 1949 年《日内瓦公约》的议定书和评注中，引用了"饶家驹安全区"这个名称，并将其称为"战时对难民进行人道主义保护的中立区的成功范例"。

遗憾的是，饶家驹没有活着亲眼看到这一成果。他于 68 岁死于疾病和劳累，死时他还担任着援助难民和无家可归者的罗马教廷驻柏林代表团的团长。不难看出，这是一个值得讲述的、非凡的故事。我在下面的工作，就是尽力对饶家驹的工作、经历和成就进行全面和详尽的叙述。

根

饶家驹神父原名罗贝尔·夏尔·埃米尔·雅基诺·贝桑热 (Robert Charles Emile Jacquinot de Besange)，他出生于 1878 年 3 月 15 日，父亲是弗朗索瓦·尤金妮娅·埃米尔·雅基诺 (Francois Eugenie Emile Jaquinot)，母亲是蕾丝·玛丽·埃玛·约瑟芬·戈 (Lesbie Marie Emma Josephine Got)。他的出生地

是法国西部夏朗德省的桑特小镇。① 作为夏朗德河上的一个集镇,桑特有着悠久而丰富的历史。它一度被罗马人占领,城内至今仍留有大量保存完好的罗马遗迹,包括一座巨大的圆形剧场和与巴黎那座著名的建筑物酷似的凯旋门,紧挨着这两座建筑物的是两座部分重建过的罗马风格的教堂,它们始建于 11 和 12 世纪。

饶家驹刚到该上学的年龄,他们一家就搬走了。在法国大西洋沿岸的西北港口城市布雷斯特的孟斯库尔圣母院(Notre Dame du Bon Secours),他度过八年学生时光,在学校里他被公认为是一个才华横溢的学生。② 不过,具有贵族传统的雅基诺家族与法国西北部的洛林地区有着深厚的渊源,洛林是法国历史上另一个著名的省份,它是圣女贞德的出生地,而雅基诺家族声称与她有着血缘关联。除此之外,罗马人也十分看重洛林,它是罗马连接北欧和南欧的通道。洛林地区的主要城市是梅斯,它位于靠近德国的边境地区。德国在洛林的历史上扮演了重要角色,它在 19 世纪吞并洛林,直到第一次世界大战战败后才失去对洛林的控制。具有决定性意义的凡尔登战役和马其诺防线也都发生在洛林。由于靠近边境地区,并有强大的天主教传统,洛林对年

---

① 关于饶家驹的重要传记及其相关的材料,在位于法国旺弗的耶稣会档案馆(Archives des Jésuites, Vanves, France,简称"JA")里可以找到,相关档案存放在标有他的名字的档案盒内。也可参阅米汉:"上海的救世主"与"避难所";"饶家驹",载《耶稣会》(Compagnie),第 8 期(2006 年春季卷),第 123—127 页;《对华关系》(Relations de Chińe),第 13 期(1937—1938),第 336—342 页;《耶稣会历史词典》,第 3 卷,第 2120—2121 页;《探索》(Etudes),1946 年 11 月,第 258—260 页;《当代法国宗教人物词典》,第 1 卷,第 153—154 页;《震旦杂志》第 3 期,i—iv;斯特赖特编:《传教事业图书馆》,第 14 卷:中国传教文献,1910—1950,第 528,613 页;《法国传记词典》,第 18 卷,第 352 页。
② 饶家驹:"来自泽西岛的信札",1937—1938,第 105 页,藏于 JA。该条史料提供了巴黎教省耶稣会生活和活动的信息(参见参考书目)。

饶家驹出生时的家庭住宅。新拍摄的照片。作者个人的影集。

轻的饶家驹产生了重要影响。饶家驹神父明晰的历史感和虔诚的宗教信仰肯定得益于他早年所受到的丰富多彩的法国历史环境的影响。

耶稣会

耶稣会是在 1540 年得到罗马教皇保罗三世(Pope Paul Ⅲ)的批准后成立的,它的创办人是西班牙人依纳爵·罗耀拉(Ignatius Loyola),它的基本教义来自 1552 年出版的罗耀拉的《神操》(Spiritual Exercises)。罗耀拉的书是一本旨在指导开发人的最高美德和个体才华的实用指南。遵循这一指南,在受训成为语言专家和研究中国风俗传统的严谨学者方面,在华耶稣会士留下悠久和卓著的记录。鉴于这一实用而又灵活的策略,早期在华耶稣会士特别强调他们在数学、科学、艺术和文化上的而不是传授高深教义上的才华。在培训过程中,他们都在最前沿的欧洲数学的教学和发展方面受到良好的教育。他们希望,通过赢得崇尚学问的中国人对科学的敬重,最终能在中国为基督教赢得一席之地。

在 17 世纪,耶稣会成功地让它的成员成为法国国王路易十四的忏悔师和当时的风云人物。耶稣会汇聚了第一流的人才,赢得了它的保护人的敬重和信任。耶稣会的教育机构属于欧洲最受人尊重的教育机构之列,它们集中于传授艺术、数学和科学方面的最新知识和发现。① 就传教能力而言,耶稣会呈现给世界的形象,不是异端邪说的审察员,而是擅长实际事务的,具有 17 世纪最时髦的、适用的和有效的新理念的实干家。理性主义和科学运动的兴起,对人自身能力的信念,强大的民族-国家的出现,促使欧洲社会在 18 世纪逐渐发生变化,也改变了西方文明对自身的期许。耶稣会发展的地区很广,作为欧洲理性主义思潮的倡导者,这股潮流随着耶稣会流向世界很多地方。这一运动直到 1773 年耶稣会在欧洲天主教国家和其殖民地遭到统治者的镇压才告结束。

官方数字显示,到 1878 年饶家驹神父出生的那一年为止,在法国的耶稣会士的人数是 2464 人。② 像饶家驹一样,许多耶稣会士与法国古老的乡绅关系密切,享受着地方特权和贵族头衔带来的好处。但是,随着耶稣会在第三共和国第一个十年(1870—1880)向外开展服务活动,原来限于本地的传教活动很快就扩展

① 弗朗西斯·唐纳利:《实践中的耶稣会教育的原则》,第 20 页。
② 大卫·汤姆森:《1870 年以来法国的民主》,第 66 页。

到法国以外的地区。这一时期,法国进入殖民扩张时期,成为一个在非洲和印度支那进行殖民活动的帝国。传教服务的新机会唾手可得,最终吸引了 40000 名法国人到遥远的帝国边疆从事传教工作。耶稣会不甘落后,为了进入这些新边疆,他们加紧培训工作,很快他们送出的传教士人数就达到传教士总数的 25%。而传教事业的发展在法国政府看来,传教士之间强大的纽带有助于把耶稣会士的才华和能力与法国政府紧紧联系在一起,同时,他们在社会、教育、研究和传教方面所开展的各种服务也增加了法国在海外的声望。

饶家驹在 1894 年 9 月 20 日加入耶稣会,那年他才 16 岁,而法国历史上一个充满政治动荡、危机和丑闻的时期将告结束。1871 年的巴黎公社事件,被认为可能是法国近代史上最血腥的市民(造反)事件,它带来的创伤让第三共和国(1870—1940)一直处在飘摇动荡之中。另外,法国政府又卷入了教权主义者与反教权主义者之间频繁而又常常白热化的宗教和哲学上的斗争。愤怒的交锋让那个时代的气氛充满了火药味。争执的根源是对法国最重要的哲学家孔德(Auguste Comte)所信奉的"实证主义"的讨论。根据孔德的学说,唯物主义和科学的追随者渴望用科学信仰,以及它的社会表达(social expression)——"进步"来取代神学和形而上学,他们常常把后二者看作迷信,由此,唯物主义和科学就成为教会的死敌。①

在某种程度上,共和党人担心的是,如果不加规范,教会有可能会成为政治生活,尤其是法国教育事业上的一块绊脚石。在他们看来,法国教会在 1850 年取得了重大胜利,当时法国政府采纳

---

① 赖恩尼:《现代法国:从启蒙运动到现在》,第 232—236 页。

了一项由天主教会发起的名为"法罗教育法"（Falloux Law）的改革方案。这一法令规定：除由法国政府管理的中学外，教会亦有权开办中学。除此之外，法令竟然还强化了教会扩大开办小学的权力。它给法国教会带来的明显的好处是，教会有机会在形成法国下一代青年的知识、技能尤其是思维方式方面具有关键作用。反对教会的声音一直没有消失。反教权主义派和共和党人对教会及其教团，尤其是耶稣会为其重要成员的传教团充满了猜忌。

1879年开始陆续颁布的以提案人法国内阁成员朱尔斯·费瑞（Jules Ferry）命名的一系列"费瑞法令"，就是这种反对教会影响教育行动的产物。该法令对中小学教育有着重大影响。根据这些法令，天主教传教团的成员被剥夺了在五年的过渡期后在公立学校任教的权利。天主教传教团还面临着经济上的惩罚。初等教育变成义务教育，由于国立学校是免费的，天主教会所办学校就失去了那些更愿意免费上学的生源。在公立学校，教育的重心放在了为学生提供广泛的公民教育上，目标是向学生灌输爱国主义和对法兰西共和国的忠诚。围绕着教育改革的激烈争论只是加深了现有的分裂，并激起了双方极端分子的论争。它也激励了一些想从事传教事业的人考虑成为一名传教士，到海外的新传教站传教和教学。

这一白热化的气氛因1894年发生的臭名昭著的"德雷福斯事件"进一步恶化。简单来说，阿尔弗雷德·德雷福斯（Alfred Dreyfus）是法国总参谋部的一名上尉，他以叛国罪被逮捕。作为一名犹太人和共和党人，在总参谋部的贵族和天主教官员中，德雷福斯是一名"外人"。这使他很容易受到指控并成为别人构词诬陷的目标。随着案件的逐渐展开，公众日益意识到这一案件存在着严重的违法行为，德雷福斯的个人命运倒成了次要的问题了。在军事法庭审判之后,他被判处无期徒刑,到法属圭亚那的魔鬼岛服刑。案件的重要在于,对于一名犹太裔共和党人的责难演变成军界和教会对法国新教徒和其他的共和党人的广泛挑战。总之,德雷福斯事件发展成为天主教会与法国政府之间一场白热化的较量。它使得法国的知识精英一分为二,话语权大的一边声称,德雷福斯事件及其后果本质上是教权主义——君主制主义者(clerical-monarchist)推翻共和政府的一场阴谋。

德雷福斯事件之后法兰西第三共和国进入了激进时期,政府领导人决定限制和惩罚那些被他们认为对法国政府及其理想有威胁的人。受到打击的团体包括耶稣会,他们认为耶稣会深深地卷入了德雷福斯事件。而几乎在每一场反教权主义运动中,耶稣会都被列入受打击的对象。出于报复,共和党的代表们通过法案放逐了所有卷入德雷福斯事件的宗教团体。耶稣会及其他团体被驱逐出法国,他们接受命运的安排,在西班牙、印度支那、中国、美国以及其他地方开始了新的传教活动。法国在1904年同梵蒂冈断绝了外交关系。

次年,1905年,教会和神职人员们又遭到了当头一棒,法国议会废除了拿破仑与教皇庇护七世(Pope Pius Ⅶ)签订的1802年协议(即《政教协议》)。根据协议,法国承认天主教是"大多数法国人"的宗教,准许教会在法国享有半特权(semi-privileged)地位。协议使神职人员的权利合法化,并同意付给神父和主教薪水,作为回报,他们宣誓效忠法国政府。但是,这一合作与妥协的和平框架在1905年12月轰然倒塌,共和党政府通过了一项适针对教会与国家之间所有关系的法案。① 神父们从政府那里拿的

---

① 赖恩尼:《现代法国:从启蒙运动到现在》,第257页。

薪水被取消了,法国政府还取得了教会财产的所有权。自然,由于失去了政府的认同,教会的声望日益下降。教堂洗礼越来越少,而民间婚礼则越来越多,印证了政教分离法规所带来的影响。

耶稣会士的培育

教会与共和党政府之间的仇恨直接影响到年轻的饶家驹和他的职业选择。在耶稣会被驱逐出法国后,饶家驹不得不寻找新的谋生手段和其他的培训途径,这些对他成为一名神父是必不可少的。自 1540 年成立以来,耶稣会就有一份漫长和严格的培训要求,并以智力、精神和服务方面的经验为培训的基础。下面所述就是,饶家驹为准备"终身愿"(final vows)取得圣职的数年里所经历的丰富多彩的重要过程。如前所述,在法国,饶家驹已经不可能得到成为一名耶稣会士所需的培训了。在这里提供耶稣会培训的详情,目的在于说明像饶家驹那样准备到中国去从事服务工作的神职人员做了多么精心的准备。他们的语言技能,历史、哲学甚至科学方面的知识,对于他们的教学、宣教和有效地与所服务的社区打成一片至关重要。这些都是在耶稣会服务的神父所必须持有的自律和虔诚之外还要具备的技能。这些为他迎接挑战,尤其是在中国的挑战所做的准备都是极为必要的。

对于大多数耶稣会士来说,神修通常需要 15 年的时间。而饶家驹的修训费时 19 年,世纪之交法国耶稣会的特殊情形影响并拖长了他的修训时间。耶稣会的行政系统以教省划分,每一教省设一省会长,总会长住在罗马,在耶稣会统治集团的上层占有举足轻重的地位。在这一系统中,法国是其中的一个教省,但是由于法国政府驱逐了耶稣会,法国教省的地位变得有点特别,成为一个"流亡教省"(province-in-exile)。这些不同寻常的情形对耶稣会的培训计划产生了极为严重的影响。

首先,应当指出的是,并不是所有的耶稣会成员都要被迫离开法国。那些已经受封多年,宣发末愿的神甫,他们已经接受过各种必须的训练,可以留任原地。饶家驹的麻烦是,在法国已经无法进行成为耶稣会士的特殊训练。① 饶家驹的培训不得不在国外进行,事实上,是在英国和比利时进行的。成为一名耶稣会士需要经历所谓的"三重考验"(three probations):加入耶稣会后的最初几个星期里要完成第一重考验。依照罗耀拉的《神操》,耶稣会训练的核心在于强调系统的沉思冥想,其目的在于引导个体审视自我,进而更好地理解罪的基本概念,以及耶稣基督的生活与受难和他的复活与升天。在所有形成耶稣会士的阶段中,这一阶段是最"修道士的"("monastic")、最循规蹈矩的。这一阶段持续两年,以发初愿(the first vows)为结束。

第二重考验,通常被认为是耶稣会士形成的主要部分,它包括 14 年严格的学习过程和使徒工作。在培育耶稣士计划的这个阶段,作为一名见习修道士,饶家驹要进行祈祷,对罗耀拉的《神操》进行反思,要花费两年的时间深入地了解耶稣会的各个方面及其悠久的历史。饶家驹在英国坎特伯雷的圣玛丽学院接受了最初的训练。接下来,又在所谓的"两年制预修班"(juniorate)花费两年专心学习希腊语、拉丁语、古典学和人文科学。严格的语言训练对于他进入培训的下一阶段,即用三年时间专心学习西方哲学是非常有必要的。饶家驹是在英吉利海峡泽西岛(Isle of

---

① 我对耶稣会培育计划的理解很大程度上得益于多伦多大学的耶稣会神父约翰·戴维·米汉、乔治敦大学的耶稣会神父魏若望以及乔治敦大学伍德斯托克图书馆(Woodstock Library)的馆藏传记。

Jersey)上的圣路易斯中心(Maison St. Louis)完成这一繁重的学习过程(1898—1901)的。①

　　完成了这一阶段的学习,饶家驹就可以进入培训计划的牧灵阶段,而在整个耶稣会士训练期间,他要不断地在中学、学院或者是大学教书。这一阶段被称为"试教期"(regency),持续了三年,其中包括了他在 1901 年到 1903 年间在巴黎路易·特雷盖德(Louis Trégard)神父监督下进行服务。下一个时期即 1903—1904 年,他被安排去了比利时的马尔尼菲(Marneffe),在那里,他给圣约瑟学院(St. Joseph's College)的学生上英语课。② 接下来的一年（1904—1905）,他被派到英国的索尔兹伯里(Salisbury),作为一名实习生教英国学生学法语。③

　　尽管饶家驹得忍受在法国国外,在英语环境中受训所带来的某些不便,但他能有此番经历也实属幸运,他因此牢牢地掌握了英语这门语言,这项技能让他一生受用无穷,尤其是他后来进入说英语的上海从事服务。当然,上海是中国城市,但是作为一个通商口岸,在公共租界和法租界人们主要还是说英语和法语。

　　在正式培训的最后一个阶段到来之前,他接受了另一项派往外国的任务,在英国利物浦的圣芳济学院(St. Francis Xavier College)教法语。在完成了这一系列的服务之后,他终于开始了漫长的修训计划的最后阶段。这四年(1906—1910),他专修神学,学习非常紧张,他继续过着耶稣会学者所过的那种严谨而又有纪律的生活。他在位于英国东苏塞克斯郡黑斯廷斯的矿石街

---

①《耶稣会历史词典》,第 3 卷,第 2121 页。
② 耶稣会,法国教省目录,1904 年,藏于乔治敦大学伍德斯托克图书馆。
③《耶稣会历史词典》,第 3 卷,第 2120—2121 页。

(Ore Place)的一家耶稣会神学院完成了他的神学学习。①

就在他学习期间，饶家驹还获得了更直接的牧灵经验，当时他被任命为苏塞克斯郡拉伊教区神甫的助手。② 传统上，在这个修训阶段的第三年的末期，未来的耶稣会士准备晋铎。饶家驹于1909年在英国的黑斯廷斯晋铎，被授予副主祭/神父，场景非同寻常。下一年(1910—1911)他在法国勒芒市的圣克鲁瓦(Sainte Croix)任职。

在他的内容广泛的耶稣士培育计划中，至此还剩下第三个也是最后一重考验，在修训计划中被称作"卒试"(Tertianship)，这一时期，修士继续灵修，重审他对圣职的发愿。在英国的坎特伯雷呆了一年(1911—1912)，饶家驹神父的"卒试"开始了，首先是被称为"大避静"(Long Retreat)的为期30天的静修。静修期内要进一步反省和思考《神操》。此外，还要集中温习依纳爵本人写的《耶稣会章程》(Jesuit Constitutions)，和别人一起阅读和讨论耶稣会的宗旨，接下来要从事牧灵工作，例如做教堂会众的司铎。在长达一个月的静修期间，修士要反思他发愿成为一名耶稣会士以来的经历。

在卒试之后，饶家驹神父回到法国，从1911年到1913年，他总算有机会在自己的祖国的两个不同教区，勒芒和巴黎教区从事牧灵工作。随着这一精神、宗教、知识和善工服务上的历练的结束，也就是发"末愿"的时候了。行愿要达到两个重要的目标，即：每个会员要献身并服务于耶稣会，最重要的是，耶稣会把每个会

---

① 耶稣会，法国教省目录，1905—1906，1906—1910，藏于乔治敦大学伍德斯托克图书馆。

② 关于这段和下两段饶家驹神父个人生平的细节，参见《耶稣会历史词典》，第3卷，第2121页；饶家驹："来自泽西岛的信札"，第47卷，第1号，第105页，藏于JA。

员和它永远地结合在一起。饶家驹神父是在 1913 年 2 月 3 日在巴黎行"末愿"的。

除了学习和义工外,饶家驹用几个暑假在法国南特东南的普瓦捷市最贫穷的地区从事与下层青年有关的工作。当时的他个头高大,身体强健。费尔南德·莫诺(Fernande Monnot)在上海法租界生活期间,由饶家驹为她施洗,并主持了她的婚礼。她回忆说,饶家驹修剪得方方正正的红胡子给人留下仪表堂堂的印象,这一点也经常被他的同事所谈及。① 多年以后,他的头发和胡子逐渐变白,越发显出他的贵族气派。履行职责时,他通常穿着黑色长袍,这使得他看起来比平时还要高大,同时他经常戴着一顶蓝色法国贝雷帽。他给人的总体印象是不易忽略和无法忘记的。

饶家驹擅长多种运动,在频繁举行的足球比赛中经常能见到他充当裁判。当他做观众时,在鼓励本队的欢呼声中总能听见他震耳的叫声。让受到他关照的年轻人最为高兴的是,他总是愿意参加比赛结束后举行的欢庆活动。在游泳比赛和其他的水上运动上,他是令人崇拜的高手,他总能够在必要的关头把本领施展出来。在一次夏令营快结束的时候,他组织了一次河上漂流活动,本想以此来奖励这次成功野营的所有参加者。不料漂流活动以悲剧告终。当日河流湍急,剧烈颠簸让人很难保持身体平衡,激流之下,一些野营者从船上跌进河中。意识到情况危急,饶家驹连衣服也没脱就纵身跳进河里,用尽全力把惊慌失措的野营者全部救上岸来。这一时刻他表现出来的勇敢和救人行动的成功,

---

① 2006 年 3 月 14 日对费尔南德·莫诺的采访。

成为普瓦捷地区人们在各种公开的场合常见的谈话话题。①

就在他行"末愿"的同一年，饶家驹神父获知他的第一个传教工作是在中国的上海。当时，去中国传教不可能是他的首选。就在他回法国之前不久，还在静修期中，他亲笔写了一封信给他所在教省的会长，信中表明，他希望能与后者会面，商谈一下他回国后将要分派给他的工作。预想到他们要谈论的话题，他先提到了在中国服务的问题以及他将来在那里的服务。他直言他无意去中国。当然，在说这番话之前他声明他要献身于耶稣会的事业，无论它给他安排什么样的任务，他都会尽力去完成。他解释说他想在法国工作，而让那些对去中国服务怀有宗教热忱的人去中国也许效果更佳。② 意识到法国在宗教信仰上面临的困境，他认为自己在帮助祖国加强和重建天主教的基础方面还是能发挥作用的。他指出，他另一个考虑的因素，可能也是最关键的，那就是他年迈生病的母亲，如果他去遥远的中国进行长期服务，母亲就不得不为此作出牺牲。③ 最后，他明确指出，一旦耶稣会决定他必须到上海以耶稣会牧师的身份开始全面服务时，他的顾虑和保留都会被置之脑后。

饶家驹神父可能很喜欢直截了当地讲话，哪怕是在同他的长上讲话时也是如此。对他的个人风格做评论的人经常会提到这一点。他被描述成一个聪明睿智、个性热情奔放的人，他因为做事果断同时又和蔼可亲而广受称赞，始终保持他的法国特征。

他举止文雅、待人热情，他既能坚持自己的观点，还能得到别人的支持，他的这种能力赢得了很多人的尊重。有些人说他并不

---

① 《耶稣会》第 8 期，第 123 页。
② 饶家驹，"给教省长上的信"，8 月 3 日，没有年份，藏于 JA。
③ 同上文，第 2 页。

是一个容易相处的人，但他们也都注意到，随着他长期献身慈善事业，他的性情也变得越来越温和了。尽管如此，他独立不羁的性格和所受到的良好训练，有时确实让他无法完全认同他的长上。

在耶稣会的海外管辖区域中，上海归巴黎教省管辖。相应地，饶家驹的上司是巴黎教省的法国大主教，巴黎教省总部设在巴黎市格勒纳勒大街 42 号。[①]一旦来到上海，他要住在耶稣会

饶家驹神父。照片出处：《密勒氏评论报》（1938 年 4 月）。

社区，他的服务要受到著名的耶稣会大学——震旦大学校长的监督和指导。按照教会的秩序，上海代牧区主教主持整个上海天主教社区，包括耶稣会。惠济良（Monsignor Augustin Haouisée）从1915 年至 1943 年任上海代牧区主教。他要接受地位比上海教区更高的罗马教皇驻南京代表的指示。来自罗马的指导很明确，它强调在华服务的天主教传教士要远离政治，只关注宗教事务和那些受到他们关照的人的福利。[②] 就在饶家驹神父准备进入上海这个新社区时，与他同一年行末愿的耶稣会神父博伊尼斯

---

① JA 所藏的一份日期为 1937 年 11 月 17 日的文件显示，上海天主教会的人员构成如下：耶稣会士 201 人，辅助人员 183 人，圣心会修女 31 人，芳济各会会士 86 人，圣文森特·德·保罗修会（Saint-Vincent-Paul）修女 95 人，中国司铎 54 人，圣母修会（Marist Brothers）会士 68 人，以及中国初学修士 680 人。

② 米汉："避难所"（"Îlot de refuge"），未刊论文，第 3 页。

(Boynes)和他结伴而行。这两个年轻的神甫一起准备动身去上海传教。路途迢迢，乘船可能需要23天至72天不等，视船的大小、航行的路线以及天气而定。

就在动身前不久，饶家驹最害怕的事情还是发生了。他的母亲雅基诺夫人去世了，这让他痛苦不已。和那个时代的贵族妇女一样，雅基诺夫人积极参加布雷斯特市她所在社区的救济工作。她把大部分的精力都用来关照法国的贫困儿童，在布雷斯特和梅斯地区，她的能力和善工广为人知。她毕生的事业一直在鼓舞着她的儿子，影响了他对未来生活和职业的选择。① 1913年母亲的去世，给他生活中的重要一章画上句号，同时打开了挑战他的才华和智慧的另一篇章。从1913年至1940年，在这段岁月里，他向各个阶层和不同年龄的中国人提供了卓越的、多种多样的服务。

两位神父是在"终结所有战争的战争"——第一次世界大战爆发的前夕离开法国的，在1914年8月4日一战爆发以来的短短三个星期时间里，法国就有26万个士兵被夺去生命。战争的结局是残酷的，战争留给法国的是道德颓丧，资源被消耗殆尽。

当饶家驹和博伊尼斯到达上海时，他们看到的是另一个在政治动荡和军事冲突中挣扎求生的国度。在1894—1895年的甲午战争中被日本打败后，中国试图改革他的摇摇欲坠的政治和社会制度，却未能成功，在外敌入侵面前变得更为脆弱。中国人强烈的排外情绪尤其是反教情绪在义和团运动这类事件中激烈地表现出来，但这并不能挽救腐朽的清王朝。孙中山（1866—1925）领

---

① 劳积勋（Louis Froc）在1914年5月31日给他的教母的信中提到饶家驹母亲的去世，原件藏于JA。劳积勋是著名的徐家汇天文台的台长。

导共和革命，为1912年中华民国打下基础。这一政治革命是希望的开始，但还是无法阻止进一步的社会分裂、战争和混乱，饶家驹亲眼目睹了这一切，心情既痛苦又忧虑。在这样的情形下，这位法国耶稣会士的才华和服务就大有用场了。

饶家驹与德日进

和饶家驹一样，另一位同样在中国服务了许多年的法国耶稣会士是著名的古生物学家和神学家德日进（Pierre Teilhard de Chardin，1881—1955）。比较一下这两位耶稣会士生平中的差异和相似之处是很有意思的。尽管二人所走的道路不同，但他们都在各自的道路上作出了重大贡献。德日进主要在中国的天津和北京生活和工作，前前后后20年。[1] 他一生至少进行了五次地质考察，其中包括在蒙古、东北以及东部地区的考察。1940年，他在北京写了他最著名的著作《人的现象》（Phenomenon of Man）。除了作为一名受人尊敬的科学家所做的工作外，德日进关于进化论的著述，带来了一场著名的宗教与科学之间的对话，这让他与罗马教廷产生矛盾。[2] 1955年4月10日，他在纽约逝世。与职业选择的基本不同形成对比，二人在履行职责方面有一个明显的相似之处：二人都是所在领域的先驱，都踩到了他们的教职所界定的边界，有时还逾越规范，常常给他们的耶稣会长上

---

[1] 克劳德·李维尔：《德日进未刊信札：在中国生活期间》。
[2] 德日进的书《人的现象》在他生前被禁止出版，并受到教会官员的指责。在德日进的有生之年，在教皇庇护十二世的统治下，罗马教廷继续其保守的立场。他不被容许在法国居住。这一困境让德日进在1951年决定去纽约定居，这让他的耶稣会长上大大地松了口气。

带来不安。

　　无法确定饶家驹和德日进在中国是否见过面。可能他们是熟识的，因为二人都曾在英国的黑斯廷斯学过神学，学习时间有重叠。无论如何，除了在水灾和救助难民期间去过中国南方省份，饶家驹的日子主要是在上海度过的。另一方面，德日进在华北工作，二战期间于1942年11月至12月来过上海，当时饶家驹已经返回了法国。这次访问上海时，德日进住在上海的震旦大学，他从校长乔治·热尔曼（Georges Germain）那儿得到了关于饶家驹人道主义难民救助工作（尤其包括了关键的1937年的工作）的全面报道。[①] 热尔曼神父给德日进一份关于饶家驹安全区取得显著成功的详细报告。这两个法国耶稣会士在生平上的差别是显而易见的。德日进哲学和神学方面的工作，以及作为有成就的古生物学家在科学上的贡献，让他声名显赫，而饶家驹工作的方向和意义则与之不同。他的贡献在于给遭受贫穷、水灾和战争的中国人提供救济。作为谈判代表，他的才华表现在把交战双方带到一起，寻求和解的共同点以及走出困局的方案。他在救济工作上的组织能力，甚至让他赢得了那些对他的人道救援努力持批评意见的人的尊重和支持。总之，与其说他是个哲学家或足智多谋的人，不如说他更是一个致力于改善他周围的人——中国人的生活的训练有素的实干家。

---

① 克劳德·李维尔：《德日进未刊信札：在中国生活期间》，第78—79页。

第二章　来到中国

　　人之受造乃为赞颂、尊敬、事奉天主，由此妥救自己的灵魂。地面上其他的事事物物皆为人而造，为助他获得他受造的目的。从此可见，人用世物，或多或少，全看它们是否襄助他，或阻碍他得到他的目的。

　　　　　　　　　　　　　　　　　——圣·依纳爵·罗耀拉

　　饶家驹神父来到上海后不久，就被派往上海西南的徐家汇教堂区的语言学校学习。在这个设立已久，受人尊敬的徐家汇教堂区内，有一个成立于 1871 年的天文台，它为东部沿海的轮船航行提供基本信息。[①] 还有一座双塔的天主教堂、数个培训班、一座孤儿院、一座图书馆、一家印刷出版社、数所为中国年轻人开办的学校。耶稣会要求所有就任新职的年轻耶稣会士精通当地语言。饶家驹的工作要求他用至少一年的时间集中学习汉字以及普通话和上海话。在这一新语言面前，他的拉丁语和希腊语知识失去了作用，但是为掌握这两门艰深的古典语言所需的训练和语感肯

---

① 徐家汇天文台成为从西伯利亚到马尼拉，从印度支那到关岛的天文台网络的中心，它把各地的科研实验室联合起来，组建了地球物理研究所。这些"神甫-科学家"（priest-scientists）开办的研究机构，致力于效法利玛窦的传统——利用科学的声望以获得影响。参见《上海徐家汇天文台的故事》，上海：《字林西报》社，1921 年，第268—277 页。

定有助于他学习新语言。

第一个早期来华的正统耶稣会士是利玛窦(1552—1615)，他的工作为以后耶稣会的传教活动铺平了道路，并提供了榜样。利玛窦加入耶稣会是在 1571 年。在罗马，他在开普勒、伽利略的朋友耶稣会数学家克利斯多弗·克拉维斯(Christopher Clavius)以及耶稣会神学家罗伯托·贝拉米诺(Roberto Bellarmino)等著名学者的指导下学习。[①] 正是他的人文主义背景和学者背景，让他被中国的士大夫阶层所接受。如果他没有受过这些训练就来中国的话，他为耶稣会在华传教大业开路能否成功还是有疑问的。

利玛窦的第一个目标是全力学习汉语。他认为这是有效的传教活动所必需的，后来的耶稣会士，包括饶家驹，都遵循了这一惯例。他的目标是要透彻理解中国经典——中国社会的思想源泉。因为能够直接阅读中国经典，利玛窦有能力跳过占统治地位的新儒学——理学的诠释，他声称，古儒典籍的精神更加纯粹，古儒还不曾受到佛教的侵蚀。与此同时，他的这种进入方式使他得以将自己观念根植于古代贤哲的智慧之中。利玛窦对汉语的了解让中国的文人们惊讶不已。他精通儒家经典，并使"四书"成为他传教的基础。用四书帮助传教，有助于中国士人阶层在心理上接受基督教教义。这也说明，他准备为推进基督教事业而重新解释儒家经典。利玛窦理性地分析说，在中国接受和充分理解基督教教义以后，那些以前必须容忍，但并不理想的准则，如中国人对人以及对人际关系的格外强调，可能会因基督教观念和教义的影响而变得更充实，并逐渐完美起来。[②] 利玛窦确信除了最初的容

---

① 维克多·克罗宁：《西方来的智者》，第 26 页。
② 罗梭：《18 世纪使华天主教使团》，第 75 页；利玛窦：《16 世纪的中国，利玛窦札记：1583—1610》，第 94 页。基督教上帝的观念进入一种高度发达的文化会带来什么样的影响，有关这方面的更多信息可参阅谢和耐：《中国和基督教》。

忍和适应,任何传教方法都不能使基督教的信息被中国人的头脑所接受。

　　尽管在他之前还有沙勿略(Francis Xavier)和范礼安(Alexandre Valignani),但我们仍可以把利玛窦称为"中国天主教之父"。他开创的方法和树立的先例在 1615 年他逝后仍继续实行。以他为榜样,17—18 世纪的在华耶稣会士逐渐成为数学家、地理学家、天文学家、工程师、医生、画家、音乐家等对中国人具有实用价值的专家。[①] 巴黎科学院(Académie des sciences)自夸说,法国的优势就在于它收集的科学数据,每个耶稣会士都能得到去中国的旅行图和他们所去的国家的地理资料。

　　法国国王路易十四渴望能分享到葡萄牙人在远东贸易中获得的丰厚的商业利益。正如法国著名学者维吉尔·毕诺(Virgile Pinot)所指出的:"这一时期,与其说国旗所到之处贸易随之而至,更可以说传教士所到之处贸易便随之而至。"[②]耶稣会士把宗教使命与西方数学、科学方面的培训结合起来,这一点在路易勒格朗学院(college of Louis-le-Grand)数学教授洪若翰

利玛窦(1552—1615)。照片由上海市图书馆提供。

---

① 谢和耐:《中国和基督教》,第 20 页。
② 毕诺:《中国对法国哲学思想形成的影响》,第 27 页。

(Jean de Fontaney)教父写给路易十四的忏悔师拉雪兹（La Chaise）神父的信中有充分的阐述："我个人认为，如果能把科学带到地球的尽头，在那里，有希望能赢得一些灵魂皈依我主，有机会让我为主的爱，为主圣名的荣光而受苦，这要比我在巴黎最好的大学里继续讲授它们[科学]要幸福一千倍。"①

康熙皇帝的在位时间是1661年至1722年，他对法国耶稣会士的服务给予高度评价。耶稣会士亲自向康熙和皇子们讲授数学、几何学、哲学、音乐和艺术，同时他们也深入地研究中国的经典、历史、地理和年代学，这让他们成为出入康熙宫廷的绝无仅有的外国人。② 康熙皇帝认为欧洲文艺复兴时期的科学和艺术，尤其是科学，对加强清朝统治很有用。耶稣会士把科学甚至医学方面的文献翻译成满文、汉语，并为此编制了词典。1689年，在《中俄尼布楚条约》谈判的过程中，作为中间人，他们展示了优秀的语言学家的才能。③ 用拉丁语写的条约定本非常有利于中国人，康熙皇帝公开赞扬了两位耶稣会士在谈判中所起的重要作用。不久，康熙就在1692年下诏书把天主教确立为中华帝国境内合法的宗教，和道教、佛教、儒教一道，拥有自己的一席之地。④

翌年，即1693年，康熙患疟疾，病情严重，病危之际，法国耶稣会士献上奎宁为皇帝治病，而奎宁是秘鲁的耶稣会士发现的。通过人体试验确认了这种外国药品是安全的，可以给皇上服用，而康熙用药后康复了。作为答谢，康熙将皇宫内他的御所旁的房子赏赐给法国耶稣会士，并批给他们土地和银两让其建造教堂。

---

① 耶稣会：《耶稣会士书简集》，第9卷，第391页。
② 参见阮玛霞《白晋神父：他在东西方的贡献》（硕士论文，夏威夷大学，1965）。
③ 约瑟夫·塞比斯：《耶稣会士与〈中俄尼布楚条约〉》，第106页。
④ 罗伯撒姆：《传教士与满清官员——中国宫廷中的耶稣会士》，第111页。

在一位意大利建筑师盖拉尔迪尼（Gio Gherardini）修士的指导下，修盖起一座典型的西方教会式的大天主教堂，它门口的大理石匾额上题写着："救世主堂，敕建天主堂。"①由此，天主教达到其在华影响的顶峰。

通过绘制地图，耶稣会士为欧洲人勾画出中华帝国的基本形象。1701 年，康熙皇帝诏令六个法国耶稣会士一起筹划制作中国地图。他们划分了中国的省，孜孜不倦地绘制地图。直到1717 年，所有的图表及其说明文字合在一起，编成 32 开本的地图。接着，在 1721 年或是 1722 年，又制成了一本包括满洲、蒙古、西藏在内的地图集；这一 18 世纪地图制作上的杰作，在 1735年被伟大的法国地图绘制家让-巴蒂斯特·昂维尔（Jean-Baptiste Bourguignond'Anville）修订和编辑，用以向欧洲介绍中国。②

进入 18 世纪时，中国的天主教会一片繁荣。然而，一场激烈的争论即著名的"中国礼仪之争"在教会内部爆发了，并逐渐引起欧洲和中国统治集团的注意。简单来说，争论的中心是中国的"God"（"天"、"上帝"）和"灵魂不灭"的概念以及它们是否与天主教的概念相匹配。耶稣会士说，它们与天主教中"天堂"和"耶和华"的概念是等同的。反对者把中国人看作是信仰唯物主义和无神论的，解释说中国人的"天堂"概念是以"太极"（宇宙的本原）为主导的，这纯粹是一个物质概念，没有为精神留出空间。而且，在中国人"上帝"的概念中，"上帝"是次要的，要比"太极"低一等。著名的汉学家、法国耶稣会士刘应（Claude de Visdelou，S. J.）并

---

① 耶稣会：《耶稣会士书简集》，第 10 卷，第 1—17 页。
② 1963 年在德国科隆对福克斯（Walter Fuchs）的采访。

不同意这个看法。

第二个关键的问题是允许中国教徒行祭孔祭祖之礼。当一个奏本要求康熙皇帝解释一下中国人祭孔祭祖的礼仪时，他答复说，它们只不过是民间习俗，没有宗教意味。早在一个世纪以前，利玛窦就发现中国教徒行敬孔祭祖之礼与信仰基督教是并行不悖的，但是方济各会和多明我会的修道士以及被派到中国来的罗马教皇的代表却把这些仪式看作偶像崇拜和异教徒崇拜——事实上，他们对中华帝国内最基本的宗教实践和社会实践提出了异议。

辩论越来越激烈，为了直接了解耶稣会内部发生的争论和分歧，罗马教廷向中国派出使节。使节问到康熙对待礼仪之争的态度，康熙回答说："自今以后，若不遵利玛窦的规矩，断不准在中国居住，必逐回去。"①

很明显，这对中国天主教的未来不是一个好兆头。1715 年 3 月，教皇克雷孟十一世（Pope Clemen Ⅺ）希望中国与欧洲教会内部的争斗能平息下来，于是他颁布了正式而又庄重的宗座宪章《自登基之日》（Ex illa die），支持使用所谓适当的术语，并谴责中国的礼教。② 天主教红衣主教和神学家在罗马集会，裁决中国礼仪是否应当在中华帝国内实行，这激怒了帝国的康熙皇帝。争论一直拖延下去，直到 1720 年，另一位教皇代表亚历山大城宗主嘉乐（George Ambrose de Mezzabarba），带着教皇的命令来到中国以执行教皇的通谕。康熙视此举为对帝国内政的干涉，他极为愤怒，指这些天主教使者言语荒谬可笑，与和尚道士异端小教无异。③

---

① 罗梭：《18 世纪使华天主教使团》，"文献 5"，第 243 页。
② 南木：《中国礼仪之争》，第 58—60 页。
③ 同上书，"官员日志"，第 364 页。

1721 年,在看了嘉乐呈递上来的教皇通谕后,康熙称他从未见过这种胡言乱语的文献,他诏令:"以后不必西洋人在中国行教。"次年,即 1722 年,康熙驾崩,雍正继位。雍正对四分五裂而又争吵不休的在华基督教采取了严厉的立场。从天主教的立场来看,这场旷日持久的中国礼仪之争最后是以 1742 年教皇本笃十四世(Benedict ⅩⅣ)颁布的《自上主圣意》(Ex quo singulari)的通谕而告结束的。这是最后的教皇诏书,它重申了教皇的训诫,向中国的基督徒阐明了罗马教廷的坚定立场。后面的几个清朝皇帝开始了长时期迫害中国基督徒的历史。耶稣会士的命运在 1773 年更加不济,当时耶稣会在欧洲及其殖民地受到对天主教的镇压几乎瓦解,随后则是法国大革命和拿破仑战争的灾难。

早年岁月

饶家驹是在 1913 年来到中国的,此时的中国已大大不同于利玛窦和早期法国耶稣会士传教时的中国。腐朽无能的清王朝正面临着被欧洲列强瓜分的威胁,列强们决心用武力打开中国的大门满足自己谋取利润的商业野心。根据 1842 年鸦片战争结束后签订的《南京条约》的条款,上海成为外国人有权建立租界的五个通商口岸城市之一。这意味着,在中国,缔约国根据西方的法律体系行事,不受中国法律的制约。更有甚者,为保护外国利益,外国炮舰在长江上自由巡弋,列强在中国的财政、商业、发明、军事上均享有特权,所有这一切进一步削弱了中国的主权。1860年,法国在一个条约中要求中国将过去几个世纪中没收的教会财产交还给法国。西方还要求中国容许中国人有权改变宗教信仰,容许皈依基督教,对教徒加以保护。耶稣会已恢复,其成员也开始返回中国。①

那时的上海实际上是"一市三界"。大多数商业区和外国居民区位于公共租界和与之毗邻的法租界内。两个外国租界都朝向外滩，即黄浦江畔。租界四周是大上海。两个外国租界北接上海的闸北，南靠南市（南投），包括上海老城厢及其周围地区。

中国对外国在经济、政治和文化上入侵的反感，引发了多起攻击传教士和中国信徒的教案。由于传教活动的迅速发展，许多中国人期望限制外国在中国的势力，保护中国文化传统免遭外国的玷污。这些反教活动，有时是自发的，有时则是蓄谋的，很多得到来自慈禧太后的"官方"支持，1899—1900 年不幸的义和团运动就是一个例子，44 名天主教传教士被杀，基督徒遭到大规模杀戮。尽管如此，在华传教士的人数还是在 20 世纪的头二十年里迅速增加。1901 年，在华天主教传教士是 1075 人；1920 年，则有2500 名到 3000 名传教士和修女。据估计，1901 年天主教领受圣餐者的人数是 721000 人，到 1920 年则达到 200 万人。②

遵循法国耶稣会前辈建立的先例，饶家驹神父先是进入位于上海西南部的徐家汇语言学校接受全日制的汉语培训。此时已经没有必要再费力研究或注解中国的儒家经典了。他到达上海不久，从 1917 年开始，中国开始了一场反传统——无论是西方还是东方传统的新文化运动。集传统之大成的科举制度，数百年来一直是中国人通往权力的门径，在 1905 年就被废除了。中国知识分子认为，中国正处于亡国灭种的边缘，只有彻底革新才能救亡。对儒教的批判发展为对所有的宗教，尤其是基督教的批判。

---

① 海维德：《基督徒与中国》，第 14—15 页。
② 鲁珍晞：《中国政治与传教士》，第 2 页。

1919 年的五四运动促发了 1920—1922 年的反基督教运动,后者
与五四运动要求统一中国、收回国家主权、与西方平等的大目标
是一致的。年轻的知识分子嘲笑基督教是不科学的、过时的,而
且事实上危害着中国的主权,阻碍了将中国建设为一个强国的努
力。这一时期,很多中国人把基督教在中国的传教活动完全描绘
成是"西方帝国主义心甘情愿的侍女"①。

利玛窦尊重儒家传统的策略,为基督教观念和儒家观念的融
合寻求共同点,早期法国耶稣会士十分投入地研究中国历史和中
国经典,这一切都不再有效。饶家驹面临的是一个全新的环境和
形势。清王朝在 1911 年寿终正寝,博取皇帝支持的策略不再用
得上了,中国正在尝试建立一个共和体制。废除帝制和打破传
统,造成了社会和政治的真空,各种势力和个人开始为填补这个
真空而展开混战。1924 年,民国的领袖人物孙中山,顺应国情,
宣布了折中的、循序渐进的三步革命方案:首先是军政,接着是训
政,最后是宪政。但实际情形却是:在蒋介石领导下的国民党,拥
有大量军队和各自的外国后台的数省军阀,以及 1921 年在上海
成立的中国共产党之间展开了长期的军事对抗。

在这样的环境中,饶家驹神父面临的问题是:应该采用什么
样的新方法推进他的传教工作,影响和赢得中国人信仰天主教?
他的哪一种才能能用来在中国建立一个有生命力的社区? 他又
该如何与生活在上海的,但国籍不同,有着各自国家利益的人打
交道呢?

---

① 叶嘉炽:《宗教、民族主义和中国学生:1922—1927 年的反基督教运动》,第 2 页。

虹口教区

完成了语言培训之后，他起了一个中国名字"饶家驹"，成为中国虹口教区7000名基督徒的神甫。虹口在公共租界的东北部，区内住有大量的日本侨民。从1914—1934年的20年间，他一直是虹口圣心（Sacred Heart）堂的教区神甫，既为中国人，也为众多的葡萄牙人服务，这里的葡萄牙人已经数代侨居上海。这一时期，很多澳门人的洗礼证书上都是他的签名。① 除了履行常规的牧灵职责外，饶家驹神父还给当地的葡萄牙人教授英语，并为虹口"圣母昆仲会学校"（Marist Brothers School）的修士们提供精神指导。因为他的声望和能力，1917年，他成为虹口一个天主教团体（the Catholic Circle）的会长，并被任命为上海公济医院的院长，1918年又被任命为"祈祷福传会"（Apostolate of Prayer）的会长。为感谢他对公众的出色服务，1924年中国政府授予他采玉勋章。②

法租界内耶稣会开办的著名的震旦大学任命饶家驹为英国语言与文学教授，他的英语和英国文学方面的技能和知识又有了用武之地。③ 1913—1921年他在震旦大学任教，除了公认的英语教学能力，他有时还教自然科学。他在化学实验室的冒险给他带来了一场灾难。这所位于徐家汇的大学的学生每年都要为庆祝圣

---

① 席尔瓦：《我们所有的昨天：澳门之子，他们的历史与遗产》，第47页。

② "饶家驹"，藏于JA，第1页。

③ 震旦大学创办于1903年，它的医药、数学、物理、化学、法学等系实力很强。1923年，它有393名学生，45名教授（33名欧洲人，12名中国人）。法文《上海日报》（Journal de Shanghai），1933年4月29日。

母玛利亚的诞辰举行游行,饶家驹
本打算在实验室向学生演示如何
制造鞭炮,既让学生兴奋,又能给
游行提供一些鞭炮。不幸的是,他
制造的混合物在研钵中不知何故
变得过热,引起了剧烈的爆炸,他
从手至肘部的半个右臂被炸掉。
因为伤势严重,当晚他的大半个右
臂被截掉。爆炸引起的气浪灼伤
了他的眼睛。所幸眼伤不算太
重,他的眼睛得以保全。一些学
生也受了伤,幸亏他们离爆炸有

上海的"独臂神父"。照片由
Malcolm Roshost 提供。

些距离,伤得都不算严重,在医院
检查治疗之后被送回家。饶家驹神父此后只好学会了用他的左
手来做本来由右手承担的日常工作,包括吃饭和写字。[1] 从那时
起,他就经常被人们称为上海的"独臂神父"。

　　就像在法国一样,饶家驹神父在中国也给与他相识的人留下
深刻的印象。他被描述为大高个,相貌英俊,很有男子气概,由于
参加各种体育运动而体格健壮。在他的学生们的记忆中,他有着
开朗的神情和平易近人的微笑。他的同事说,他自信,笑声爽朗,
风度迷人,通身是一副贵族气派。人们经常看见他在乘车或是工
作时,身穿一袭黑色长袍,别着一枚有红十字的徽章,头上是一顶
法国贝雷帽。在空闲时间,他最喜欢的娱乐是写诗,诗歌的主题
通常同他的境况和经历相关。下面这首诗歌肯定是他为赞美他

---

① "饶家驹",第 1 页;日期为 1914 年 5 月 31 日的劳积勋的信,藏于 JA。

的中国学生的生活而作，这些中国学生在贫穷、疾病以及一团糟的北京政府治下的兵荒马乱中奋力挣扎：

致无穷岁月！

在林地的边缘，

橡树上落下一粒橡子，

落在那茂密的草和石楠花上。

它发芽，生长，长高。

刺骨的冬日之风常常

把白雪从它的枝头吹扬，

并且覆盖上层层冰霜。

但是这么多幼株，怀着希望活着，

在它的阴影中茁壮成长。

主啊！在黄昏的风暴之后，

给它一个漫长而柔和的夜晚吧！①

---

① 藏于 JA 署名饶家驹神父的这首诗歌是从法文翻译过来的：
Ad multos annos!
Toutà l'orée d'une clairière
Un chêne laissa cher un gland
Dans l'herbe épaisse et la bruyère；
Il germa，poussa，devint grand.
Souvent au travers de ses branches
Les soufflés après des hivers
Ont pourchassé les neiges blanches
Et l'ont de frimas tout couvert'
Mais que de jeunes à son ombre
Ont grandi très riches d'espoir.
Dieu Bon après l'ouragan somber
Faites lui longtemps un doux soir！

救助儿童

20 世纪 20 年代的上海动荡不安,一些纠纷演变成大规模的反对在华外国势力的运动,矛头既针对租界当局,也针对传教活动。天主教传教团是上海最大的土地所有者之一,它拥有办公楼、公寓大楼以及精美的住宅。传教团的成员并不忌讳出现在当地的股东会议上。他们的权力、财富以及与西方列强的密切关系使得他们成为反帝运动的目标。另外,有关十月革命胜利的报道给了学生们极大的鼓舞,反对帝国主义的侵略和压迫成为一种世界潮流。上海的外国租界的治外法权成为抗议的主要目标,尽管租界的存在,保护了很多来此寻求避难的中国人。贪婪暴戾的军阀滥用武力,他们也与帝国主义列强有着密切的联系,这也是导致示威运动的另一个原因。在示威者眼中,外国传教士的存在就是帝国主义的文化入侵,破坏了中国的本土文化和社会。

1925 年的五卅惨案点燃了中国人的反帝怒火,烈焰从上海蔓延到中国各地。[①] 概括地说,事件的起因是外国人开设的工厂里令人难以忍受的工作条件和对中国工人的非人待遇。日本人开办的纺织工厂爆发了一系列罢工,出于报复,日本工厂主向示威者开枪射击,打伤几名中国工人外,还有一人被打死。

5 月 30 日,爆发了以学生为主体的激烈的抗议示威,英国巡捕开枪,打死 11 人,很多人受伤。这一镇压让中国人不能再容忍

---

① 关于五卅运动及其背景的讨论,参见孔如轲《帝国宠坏的孩子:上海的西方人与 1920 年代的中国革命》,第 97—112 页。也可参见里格比《五卅运动:事件与主题》。

那些不平等条约和治外法权,以及外国人对中国人生命和主权的不假掩饰的歧视。这场运动改变了中国人与外国人之间的关系,很多中国的教徒开始对西方持越来越强烈的批判态度。① 反基督教和反西方的情绪至少在 1930 年蒋介石公开支持基督教以前是中国社会的一股强大的暗流。与此同时,中国共产党和其他左翼组织借机鼓动革命和扩大影响。

随着上海革命运动的蓬勃发展,饶家驹神父发现自己被卷入了一些极为暴力的事件。爱国学生除外,参加武装运动的有武器精良的军队,其中一些得到第三国际的支持。面对军阀混战地方割据的局面,蒋介石发动了著名的北伐战争,目标是统一中国。② 北伐从广州开始,北伐军中有共产党、军阀和国民党。在北伐的过程中,这些不同的政治力量,都企图在建立新政府的过程中成为龙头老大,他们之间开始了互相残杀。

北伐军进入上海,左翼分子和共产党员——他们中很多人是上海总工会的成员——与中间派和右翼分子之间展开了激烈的斗争。3 月 21 日,上海工部局发布公告,宣布处于紧急状态,整个城市实行戒严。外国军队从停泊在港口的军舰上登陆,在租界的各个进出口设岗。1927 年 1 月,汉口和九江的英租界受到冲击,说明中国地方当局已经不能或不愿保护外国在中国的"飞地"了。3 月 24 日,南京两名法国耶稣会士被杀,英国、美国、意大利和日本侨民遭到袭击。上海被分成数个防区,由美国、英国、法国和日本的军队进入驻防,维持治安和秩序。万国商团和外国警察负责保护租界中最繁华的中区。③

---

① 鲁珍晞:《中国政治与传教士》,第 161 页。
② 参见刘毕摩夫《中国现代军事史,1924—1949》,第 3 章。
③《字林西报》1927 年 3 月 21 日。

就在蒋介石领导的北伐节节胜利时,他开始凭借实力,伺机打击北伐运动的支持者——左派和共产党。1927年4月12日,蒋介石发动了清党运动,清剿工会和其他共产党的组织,迫使其领导人转入地下,上海有数千名左翼分子被杀害。真正的大屠杀发生在闸北,那里的湖州会馆和商务印书馆被认为是共产党员和左翼工人领袖的司令部。①

上海的战斗是在中国管辖的华界内进行的,尤其是在闸北工业区,这里激进工会的力量最强。饶家驹神父得到消息说,位于河南北路支路上的圣家修女院(Holy Family Convent)被围困,周围的建筑物起火燃烧。整座建筑物被火海所围困。他接到急报,说一支敌军得到军阀张宗昌雇佣的白俄士兵的支援,他们正开着一辆伪装得五颜六色的装甲列车"长城号",用重武器向这一人口密集的城区扫射。② 他匆忙赶了过去,决定尽力说服交战双方给他一条进出修道院的安全通道。

1927年3月22日(原文23日有误,作者修订),英国总领事巴尔敦(Sidney Barton)爵士、英军总指挥陆军上校戈特勋爵(Lord Gort)、英国特卫队情报部长官以及饶家驹神父,一起动身去疏散修女和她们所照料的人。饶家驹是其中的关键人物,这不仅因为他知道修道院的方位,还因为他的语言技能可以应付途中出现的任何情况。戈特一身军装,不过没带武器,当他们一行来到公共租界与闸北交界地时,两位广东军官问他们到中国的地盘里来干什么。饶家驹解释了修道院里天主教团体的困境,他们一行希望能帮助她们,将她们护送回租界。两位

---

① 关于1927年上海的左翼运动时期的讨论,参见孔如轲《帝国宠坏的孩子:上海的西方人与1920年代的中国革命》,第13章。
②《字林西报》1927年3月22—23日。

军官发给他们通行证,他们穿过瓦砾堆和冒着烟的废墟,朝着修道院前进。①

他们一行人的第二次遭遇就没有那么幸运了。大约走到半途的时候,他们遇到一支广东部队,这些人不打算接受这一行人要去济危救难的告白。其中一个广东人恰巧会说一点英语,他开始盘问巴尔敦和戈特,并下令对两人进行搜身。他还认为,这两个人将会是有利用价值的人质。经过一段时间的争论,巴尔敦最终还是成功地让这个小军官相信了他的身份。很可能是巴尔敦的地位,而不是他就令人痛恨的治外法权给外国人的保护所发表的长篇大论,让这个广东人踌躇起来。随行的官员被下令赶回公共租界。只有饶家驹一个人被允许前往修道院。

圣家修女院在北站附近,在激烈的巷战中,火车站是一个主要的军事目标。修道院建筑群周围的房屋,本来是一道屏障,已被全部烧毁,这使修道院成为一个显眼的打击目标。当饶家驹到达这一街区时,周围都是猛烈的炮火,到处是乱飞的子弹,严重破裂的煤气管道,街上还有好几处燃烧着的房屋。他和一个企图阻挡他的士兵发生推撞,他的臀部和手被士兵的刺刀划伤。他战火中匆忙前行,就在要进入修道院时,一个炮弹爆炸,他的额头又受了轻伤。②

修道院中有 400 人,包括修女和各类受她们照料的人。另外,周围一带为了躲避巷战的难民也在修道院的院子里避难。在这些难民中,有 150 名儿童,一些儿童和父母在修道院的墙根下挤作一团。修道院中的很多中国儿童是战争孤儿。此外,修道院

---

① 《字林西报》1927 年 3 月 23 日;《大陆报》1927 年 3 月 23,24 日。
② 《震旦杂志》第 7 卷第 3 期(1946 年),Ⅱ—Ⅲ页。

院长还接收了大约 53 名外国儿童，他们来自闸北专为贫穷儿童开办的学校。所有的孩子都处于惊恐之中，难以劝慰。修道院里 78 名借宿和避难的人伸出援手，他们给孩子们讲故事和做哑剧，他们的尝试开始效果还不错。然而，人数继续增加，很快有大约 600 名中国人和 500 名欧亚混血儿来此躲避巷战。最难以照料的是 37 名婴儿，他们每天需要喝鲜牛奶。修道院院长为一名中国送奶员的勇敢所震惊。他不顾危险，确保每天照常给修道院送牛奶，一直没有间断。遭到围困的修道院缺少水源，在一段时间内，修道院没有任何照明。电已经被切断，而因为煤气管道破裂，不能使用蜡烛。好在一位居民设法修补好了煤气管道，这才敢使用蜡烛照明。

1927 年 3 月 23 日（原文有误，作者修订）清晨，在战斗的间歇期，饶家驹神父带领着主要由修女、孩子和婴儿组成的队伍走出闸北交战区，经过外白渡桥，进入公共租界，在那里他已安排好交通工具去南市的圣约瑟夫孤儿院（St. Joseph's Orphanage Institution），它紧邻着"安贫小姊妹会"（Little Sisters of Poverty）的房子。无家可归的孩子暂时住在那里，直到他们能够返回闸北为止。衣衫褴褛惊慌失措的难民从饱受战火蹂躏的闸北列队出行，这场面肯定是非常戏剧性的。

饶家驹以前已经有从事营救工作的经验。作为随军神甫，他在万国商团服务多年并参加了它组织的多次营救活动。由于营救修女团这一危险行动的成功，他受到各种嘉奖，其中之一就是他被提拔为万国商团的少校。次年，在一个公开的典礼上，为他在营救修女的行动中所表现出来的领导能力和勇气，法国远东海军总司令马塞尔·巴斯勒（Marcel Basire）授予他法国英勇十字

在上海万国商团任随军神甫的身穿军服的饶家驹神父(最右)。照片由 Greg Leck 提供。

勋章(Croix de guerre)。[①] 中国政府授予他"一块镶金的中国牌匾"(la Plaque d'Or de la Chine)以表彰他的英雄行为。

　　1927 年他在计划和实施营救修女儿童行动中的成功被广为宣传,饶家驹神父成为人所称道的超级组织者和实干家。上海各种不同阵营的军官均对他的勇气和胆量表示钦佩。无论在中国政府官员中,还是在外交圈内,人们都知道他是一个有能力应对复杂局势的人。尽管受过良好的教育,能说多种语言,并被聘为大学教授,但饶家驹的首要责任仍是社区工作,为教区居民服务并利用他的才能解危济难。而在 20 世纪 20 年代晚期以及 30 年

---

① 署名"海军少将巴斯勒"的引文叙述了饶家驹的勇敢以及营救女修道院住民的故事,引文见《震旦杂志》第 7 卷第 3 期(1946 年),Ⅲ页。也可参阅《探索》(Etudes),1946 年 11 月,第 258 页。孔如轲:《帝国宠坏的孩子:上海的西方人与 1920 年代的中国革命》,第 218 页;"上海总领事高思致国务院",1927 年 4 月 21 日,美国国务院一般档案,893.00/8006。

代的大部分时间里,中国和上海战乱几乎连年不断,有太多的机会让他施展身手。

1931 年的大洪水

在中国历史上,长江或黄河洪水泛滥摧毁乡村几乎是家常便饭,但 1931—1932 年的洪灾之凶险实在罕见。洪区包括了长江、黄河、淮河和大运河流域。蒋介石的新政府公布的报告称,在 7 万平方公里的土地上有 2500 万人受灾。报告称其为"中国有史以来最大的洪水"。大约 14 万中国人被淹死,农作物损失达 90 万亩。①

1931 年,保护棺柩以免被洪水冲走。照片由上海市图书馆提供。

---

① 国民政府救济水灾委员会:《国民政府救济水灾委员会报告书,1931—1932》。

婴儿被留在屋顶和树顶上，显然是希望他们能被人发现而获救。约有 1000 名难民住在南京城墙的顶上；另一些人在水势上涨的河流岸边的棚屋里存身。在江苏省的北部，250 英里长的大运河发生垮堤。长江发生了同样的险情，一小块尚存的堤坝，成了 8 万名男人、女人和孩子们的家。大洪水后食物断绝，很多人最终因饥饿丧命。随着水位高涨，无论日夜，一旦发现有水从堤中渗出，农夫们就猛敲大锣，召唤人们赶来修堤。① 很多人对修补堤坝已经毫无信心，唯一的生路就是外逃，有 3 万多难民涌进了上海。在上海南部，那些在城里举目无亲的难民，得到了诸如南市同业公会和南市慈善团体等社会组织的帮助。② 除了担心洪水继续泛滥，活下来的中国人还担心饥荒和瘟疫会随洪水而至，这样的情景屡见不鲜。

当听说洪灾区 40% 的人成了难民时，饶家驹神父立刻投身救灾。1931 年 8 月 14 日，他协助成立了由宋子文任主席的"救济水灾委员会"，它向灾民提供食物、住处、衣服并帮助他们预防疾病。③ 委员会募集了 1000 万元现金用于上述赈济活动以及帮助修复损坏的大堤。已经担任水灾委员会秘书的饶家驹，还额外负责调查赈灾食品发放的工作。他与上海地方领袖虞洽卿密切合作，后者负责运输和后勤工作。饶家驹负责分发救济金，监督地方救济组织的运作，并负责委员会资金开支的账目。

面对难民带来的挑战，饶家驹机敏地说服中国当局额外拿出一些资金，拍摄一部关于洪灾损失和救济工作的电影。他希望有

---

① 《字林西报》1931 年 9 月 14 日。

② 《字林西报》1931 年 9 月 15 日。

③ 国民政府救济水灾委员会：《国民政府救济水灾委员会报告书，1931—1932》;《震旦杂志》第 2 辑，第 7 卷第 3 期(1946 年)，Ⅲ 页。

专业摄影师拍下洪灾及其受害者的镜头,于是他让法国的百代电影公司来制作一部电影。此刻他未曾说出的意图是,用这部电影吸引上海和海外的中国富人以及洋人社区捐款。如果拍摄电影还有余款的话,他打算给那些一贫如洗的贫民买一些大米和衣服,再加上一小笔救济金。[①]

约翰·霍普·辛普森(John Hope Simpson)爵士是国际水灾救济总署(International Flood Relief Commission)的总干事,在汇报他开展的赈灾工作时,他强调说50%的赈灾款来自海外的华人,剩下的赈灾款中有30%来自国内的中国人。[②] 总的来说,救济总署报告说1931年收到的捐款总数达到6875456美元。救济总署在中国各省服务的执行处负责分发这些捐款,数量视当地受灾的严重程度而定。[③] 救济总署遇到的最迫切而又最出乎意料的费用发生在美国运来的小麦上。美国提供了173500吨小麦和105000吨面粉救济灾民。小麦是赊购的,但运费要救济总署支付。救济总署当年的总收入还不够支付关税和分发粮食的费用,这批小麦只好堆积在上海码头上。

上海不是水灾区,但从湖北、江西、苏北来的大量灾民来此逃难。南市和闸北区共有11个难民营。来参观的中国童子军报道了难民营糟糕的生活条件,那里极其寒冷并缺少足够的住处,每天都有人死亡。[④] 官方呼吁捐款捐衣物最初取得很大的成功。作家赛珍珠积极响应呼吁,她特地创作了短篇小说《荒凉的春天》

---

① "饶家驹",第2页,藏于JA。
②《大陆报》1932年1月27日。约翰·霍普·辛普森被国联派到中国,组织志愿者、劝募资金和物资来协助赈灾。
③《大陆报》1932年1月9日,1月24日。
④《字林西报》1931年9月3—10日。

帮助灾民募集善款。① 上海举办了多种多样的募捐活动,许多人出钱出力。但是,救济官员最为担心的总是,尽管9月甚至10月手头还有经费,但一旦天气变冷,经费立刻入不敷出,而那时人们对募捐活动也已经麻木了。

一个迫切的问题是,如此众多的难民被迫在恶劣的环境下生活,在救济工作还没有全面有效地展开的地方,可以看到左翼或者共产党的活动在日益增多。为了阻止这一趋势,饶家驹强烈主张,要让难民参与救济工作和重建项目,让他们从事生产活动,少受一些左翼的影响。武汉周围的形势尤其紧急,30万名难民挤在难民营里,遭受着严寒的折磨。这种建在高地上的席棚完全无法御寒,但这却是当时唯一能够找到的干地。官员们也担心左翼分子会利用难民营在一无所有的难民中进行宣传和煽动,所以他们开始计划重新安置难民。来自江西省的报告称,共产党积极进行修路、修堤等活动,协助那里的救济活动。在湖北省,汉口商会把注意力放在遣送难民离城回乡上。根据他们的策略,官员们承诺以小麦口粮定量的形式救济那些愿意离开的难民,在到达新的目的地后另外再给他们一些小麦。很不幸,新来的难民的数量大大超过了愿意接受提议回乡的难民的数量。

①《大陆报》1932年1月20日,1月24日。

第三章　痛苦之中的上海

　　未经宣战，没有预警或任何正当理由，包括大批妇女和儿童在内的平民正在空袭中遭到残酷的屠杀。

　　　　　　　　——富兰克林·罗斯福，1937 年 10 月

　　上海的 20 世纪 30 年代是混乱、暴力和战争的 10 年。1928年蒋介石领导下的国民政府成立后有一个相对平静时期，但十分短暂。中国北方局势的发展带来第一个危机。1931 年 9 月，日军袭击中国军队，接下来占领了整个东北，在 1932 年初建立了傀

1932 年，日军进攻上海。照片出处：《东方事件》(1937 年 10 月)。

儡政权——"伪满洲国"。这些事件证实了中国人最担心的日本帝国主义的侵华野心,对中国实行经济和军事上的统治,这激起了上海的中国人强烈的爱国情感。上海反日情绪不断高涨,在某种程度上,报纸上的激烈的反日文章和社论也起着推波助澜的作用。学生们举行愤怒的反日游行,并出现了各种反日组织,如基础广泛的"抗日救国会"。① 抵制日货运动,有时是当场没收日本商品和不为日本人服务,被认为是对日本的利益最具威胁的运动。在压力之下,几家日本公司被迫关闭,日本的外贸和工业遭受了严重损失。遍及全国的救国组织所组织的抗日活动触到了日本的痛处,日本人认为他们有必要在军事上采取强硬行动。上海的日本人怀疑他们的外交官没有认真对待暴烈的中国民族主义的威胁。他们开始把日本海军看作是更可靠和更敏锐的同盟者。②

利用发生在当地一家工厂的数名日本人受伤和一人被杀的事件,日本驻上海海军指挥官面见上海市市长吴铁城,提出一套强硬的要求。他的言下之意是,如果要求得不到满足的话,他们将会动用武力。上海工部局日本代表村井仓松(K. Fukishima)答应,如果日本军队采取军事行动,会提前 24 小时照会弗莱明(Fleming)准将领导下的英国驻上海军事当局。1932 年 1 月 28日,日本人发出了这一照会。上海工部局立即宣布公共租界处于紧急状态。③ 这一行动显然具有难以预见的后果,因为日本后来声称他们是为保卫公共租界才采取行动的。

---

① 《上海市年鉴》(1935 年),第 13—14 页。
② 后藤春美(Goto-Shibata, Harumi):《上海的日英关系,1925—1931》,第 150—151 页。
③ 上海市工部局:"会议记录",第 25 卷,第 142—143 页。

由于南京国民政府仍旧面临着来自共产党和地方军阀的威胁，所以对于日本的要求他们最初选择了保守的方针。国民政府寻求国联的帮助，认为在现有的情况下，谈判、国际压力以及可能的国际制裁是摆脱困境的唯一出路。政府把希望寄托在外国列强身上，认为它们会来帮助中国，并把日本的威胁看成是共同敌人。国联确实发表决议敦促日军从东

战火中寻求避难的难民。照片由上海市图书馆提供。

北撤出，但除此之外再无下文。[①]　一旦日本提出的最后期限到期，日本海军陆战队就向驻扎在上海闸北北站的 19 路军的精锐部队发起进攻。日本海军的指挥官们对中国军队的作战能力不屑一顾，认为日本海军最后一定有机会取得胜利，如同在中国北方的日本军队一样所向披靡。[②] 他们狂妄地叫嚣，一两天内他们就会结束战斗。在军事行动中，他们要给中国一个教训。

日本人没有估计到的是中国人的斗志。面对占优势的日本空军和海军，中国民众的民族主义情绪被激发出来，达到了前所

[①] 孙有利（音）：《中国与太平洋战争的起源，1931—1941》，第 21—24 页。关于 1932 年战争的详细探讨，参见唐纳德·乔丹《中国遭受战火的考验：1932 年的淞沪战争》，尤其是第 3 章。

[②] 柯博文：《面对日本：中国政治与日本帝国主义，1931—1937》，第 39—55 页。

未有的高度。"如果我们在上海不去打仗,日本人就会像猛虎一样,在几年内把我们的国家吃掉",19 路军司令蔡廷锴向采访他的记者解释说。① 中国军队出人意料地进行了顽强的抵抗,在接下来的 30 天时间里粉碎了敌人一次又一次的进攻。上海青帮、难民救济会等组织帮助提供日本人活动的情报。战争中有数千人伤亡,街区被夷为平地。中国最大的出版社商务印书馆大楼里的著名图书馆——东方图书馆,藏有大量珍贵的善本和早期的抄本,被彻底焚毁。

战争之初中日军队数量之比是 3∶1,日军处于劣势,但日本军队依靠燃烧弹、坦克、大炮弥补了其数量上的差距。他们的地面部队得到了停泊在黄浦江上的日本第三舰队的支援,其中包括"能登吕"(Notoro)号水上飞机母舰,日本的轰炸活动就是由它进行的。闸北地区遭到飞机轰炸后起火燃烧,但中国军队仍旧坚守阵地。

2 月,在日军多次的迫切要求之后,东京终于派出 18000 名士兵增援上海的日军。在觉醒的民众和国民党在上海的领导人的压力下,蒋介石最终调派第一集团军,包括国民政府警卫军中两个最好的师增援上海。在日军得到更多增援部队之后,日方下达了一个最后通牒。随后,日军发起强大攻势,冲垮了中国军队的防线。面对着全副武装并且数量更为庞大的日军,中国军队的阵地守不住了,蒋介石下令撤退。到 3 月 3 日,战斗基本上停止了。② 有 1 万到 2 万名平民在这场持续几个月的战斗中丧生,这

---

① 冯齐:《上海与外界》,第 248 页。

② 这场战斗让双方都付出了惨重的代价。中国军队死亡 4000 人,伤 7698 人,这里的伤亡数字根据的是唐纳德·乔丹《中国遭受战火的考验:1932 年的淞沪战争》,第 187—188 页。冯齐在《上海与外界》一书第 47—48 页所引用的伤亡数字是:日军伤亡 3091 人,其中死 769 人;中国军队大约伤亡 14000 人,其中死 4086 人。

就是被称为"上海事变"的不宣而战的战争。

平民伤亡可能要高于军队。日本飞机的狂轰滥炸给城市居民带来大量的死亡和恐慌。很多人从来没有经历过空袭,完全不知道怎样应对。当然,这是一种全新的城市战争,上海根本没有防空洞。平民通常会携家人和财宝逃离交战区域,躲在巷子里或是看起来似乎安全的建筑物里,挤作一团,经常是炮火或是轰炸在瞬息之间就将他们吞噬掉了。

对饶家驹神父来说,闸北严峻的形势肯定让他回想起1927年营救修女和儿童的情形,但这次威胁更大也更恐怖,因为上海人现在面对的是一支现代化的军队。饶家驹向英国总领事璧约翰(J. F. Brenan)和美国总领事克宁翰(Edwin S. Cunningham)提议,要他们和他一起组织一个营救团。营救对象包括陷入困境的中国和外国的非军事人员,以及受伤的中国士兵和日本士兵。同时,战争危机也是上海工部局几次会议的主题。一个提案建议在中国人管辖的闸北北部地区和虹口建立中立区,由中国军队和日本军队之外的其他国家的军队负责警戒。工部局中的日本委员拒绝支持这一想法,声称他只信任日本军队来保护人数众多的日本侨民。工部局内的中国委员反驳说,日本正竭力把那块区域用作在与之毗邻的华界地区搞破坏活动的基地。[1] 英美当局,其兴趣主要在维持秩序,以"友好告诫"的形式向日本提出抗议,却被日方坚定地告知,根据1931年10月的防卫计划,如果美国海军陆战队永久驻扎在上海是合法的话,那么,他们也没有理由反对让日本水兵登陆进行自卫。[2]

---

[1] 上海工部局:"会议记录",第25卷,会议日期:1932年2月1日,26和29日。
[2] 石井菊次郎:"历史重复自身",第234—235页。

这一理由似乎得到上海工部局的支持,工部局总秘书指出,工部局并不对被派往靠近华界的防区进行防卫的日本人负责。相反,他认为把那块区域给他们是明智的,因为那里居住着大量的日本人。而日本人有责任保护他们自己的侨民。[①]

上海的外国租界行使武力的决定及其合法性的基础并非来自任何具体的条约。支持这种武力行动的理由是,租界当局要在中国当局不想或是无力提供充分保障的时候保护侨民。至于对那些毗邻战场的外国"飞地"的担忧,上海工部局的美方总秘书在10月27日平心静气地向他的外国同事保证说,苏州河以南和铁路线以东的公共租界不会受到上海战局变化的影响。[②]

上海工部局中的英国和美国代表担心进入公共租界的难民的数量,他们建议不要给难民提供食物或太多的帮助,因为这样做只会吸引来更多的难民。从闸北涌来的难民试图从水路进入公共租界,但万国商团和巡捕封锁了从苏州河进入租界的各个进口。苏州河上挤满了无处可去的难民船。一些难民爬在苏州河上被烧焦的那些大桥的横梁上。工部局对此建议在租界外的闵行建立一座难民营。最初,这座难民营准备收容所有的难民,但接下来计划发生改变,改为只收容从战区来的居民。最终,就连这个计划也没有实行,相反,计划中的5万美元资金被用于公共租界在当时紧急状态下出现的巨额开支上。[③] 工部局决定今后不再花费公款用作疏散或供养难民,而是把这些职责留给慈善团体和志愿者组织。[④] 工部局担心难民大量涌入会传播疾病,他们

① 《字林西报》1932年2月15日。
② 上海公共租界工部局：《市政公报》,第31号,1938年11月出版,第353页。
③ 上海工部局："会议记录",会议日期：1932年3月2日。
④ 《字林西报》1932年2月7日。

很高兴能接到上海公共卫生部门官员的报告,称已为 2 万名难民接种牛痘预防天花。华界上海市卫生局的报告称,他们已给12430 名难民接种了牛痘。①

几家报纸的报道表明,红卍字会、广东同乡会、宁波同乡会、中国基督教青年会、上海市民救济会等组织相继承当起这些工作。上海市民救济会难民救济组拿出 10 万美元用于遣送难民或是在难民营收容难民。② 它还发起一个为难民接种牛痘的大规模的医疗计划。据报道,有 3 万名战区难民乘坐着开往宁波和浙江省其他地方的 8 艘轮船离开上海。2 月中旬,难民增加到 10万人,因此宁波同乡会又雇了一些轮船来运送难民。③ 广东同乡会除了为 4000 名难民建了 4 座难民营外,还负责照顾来自上海虹口地区的 2500 名难民。在登记注册后,难民每天能得到两顿饭,并接种牛痘预防天花。广东同乡会资金缺乏,他们只好不断增加难民遣送,以便给那些新来的难民腾出地方。④

难民也得到僧人们的帮助,法租界内的寺庙开放为难民营。上海基督教战争救济会筹集善款开办了一家难民营,中国基督教青年会在那里开设了粥棚。同时,法租界当局却倾全力构筑带刺的铁丝网,阻止难民流,尽量减少难民的进入的数量。⑤

除了战争难民,还有 1931 年大洪水之后到来的数以千计的难民。原来因长江洪灾逃难的闸北难民,不得不因为战火而再次逃难。一个毗邻闸北的水灾难民营在 2 月初遭到日军 3 次轰炸,

---

① 《大陆报》1932 年 2 月 24 日。
② 《大陆报》1932 年 2 月 9 日,18 日,19 日,21 日,27 日。
③ 《大陆报》1932 年 2 月 3 日,15 日。新成立的上海市民救济会负责协助分发食品,检查难民营的生活环境,以及支付难民回乡的遣返费。
④ 《大陆报》1932 年 2 月 28 日。
⑤ 《字林西报》1932 年 2 月 1 日。

炸死 50 多人。① 仅这个难民营就有 10399 名难民和 49 名工作人员。上海市民救济会负责把公共租界里众多的难民免费运回他们的家乡。难民的目的地包括长江沿岸的港口城市、宁波、广东地区和杭州。到 2 月底,杭州取代上海成为主要难民聚集地。②

工部局英美代表担心的另一个问题是,当地战事被各国媒体密切关注,报道图文俱全,而这可能让公共租界的特权地位受到关注,尤其是在 1931 年费唐(Richard Feetham)法官以上海工部局为主题的报告发表之后。③ 中国政府不断向国联施加压力,要求将租界归还给中国。④ 还有一个问题,就是怎样对待被日军切断退路后在公共租界寻求避难的中国士兵。上海工部局总董、陆军准将马那桐(E. B. Macnaughten)发布命令,可以准许中国士兵进入租界,但首先必须解除武装,然后暂时关押在当时还在建造的战俘营里,直到给他们的避难所建成为止。⑤

就在租界当局各方为各种具体的利害关系争论不休的时候,饶家驹神父却迫不及待地要去营救那些被困在闸北战火中的人。他需要一位能干的帮手,于是找到了愿意协助他的上海万国商团贝渤(F. Hayley Bell)少校。贝渤曾积极参与保卫租界边界的行动,亲眼目睹了闸北战事的残忍。

饶家驹和贝渤首先着手会见交战双方,解释他们筹划的营救行动的目的。他们会见了日本海军司令野村吉三郎(Nomura Kichisaburō)中将,当时他们登上了停泊在日本领事馆旁的日军

---

① 《大陆报》1932 年 2 月 12 日。
② 《大陆报》1932 年 2 月 21 日,26 日。
③ 1931 年《费唐法官研究上海公共租界情形报告书》全面研究了公共租界,包括它的历史、商业利益、政治、警察行政以及影响它前途的问题。
④ 上海工部局:"会议记录",会议日期:1932 年 2 月 17 日。
⑤ 上海工部局:"会议记录",会议日期:1932 年 2 月 21 日。

旗舰,这次会面从日方得到的最大成果是一个为时 4 小时的停火协定,时间是从 2 月 11 日早上 8 点到中午 12 点。英美领事亦出面协助,他们同中方见面,得到中方对 4 个小时停火的认可。饶家驹一行人打算利用停火提供的这点时间,营救 250 名平民,其中主要是妇女和儿童,同时尽可能多地营救战区内双方的伤兵。①

带着一名中国译员,14 名法国修女,9 名担架员,6 辆改作救护车的摩托车,他们开始此次善行义举。② 西洋女学堂(Holy Family Institute)的几名学生作为志愿者加入了他们的队伍。贝渤少校挥舞着白旗率领队伍进入火车站附近的战区。由于没有接到停火通知,中国士兵向他们开了几枪,但他们的指挥官很快得知了这次行动的性质。一些难民在惊恐之中无法移步,他们不得不连哄带劝,终于将一批伤员和难民带离战区。亲眼看见难民在战火中所受的蹂躏和创伤,饶家驹等人向日方请求延长停火时间。③ 他要求延长停火时间是为了能让一些人回闸北看看他们原来的家,兴许还能取回一些个人的物品。日军司令拒绝了延长停火时间的请求,声称他们得到可靠报告,说在离开或进来的难民中有很多是兵役期的年轻男子,他们实际上是伪装成平民的中国士兵。让日军暂缓进攻是不可能的了。

不幸的是,贝渤少校并没有因为其勇敢而成功的营救行动而受到嘉奖,相反,他一回来就被万国商团司令解除了职务,司令称贝渤没有事先向他报告营救行动。贝渤少校热爱他在商团的职务,他决定请求工部局调查当时的情况和他的行为。他提供各种文件证明他的所作所为是正当的。这让工部局处于十分尴尬的

①《字林西报》1932 年 2 月 12 日。
②《字林西报》1932 年 2 月 11 日。
③《字林西报》1932 年 2 月 13 日。

境地,因为媒体对于这次营救行动做了大量的报道,报道中对贝渭充满赞扬。工部局不想让事态升级,决定保留贝渭在商团的职务,条件是"如果他愿意撤回调查此事的申诉"。结果是贝渭少校获胜,就在工部局的这次会议上,他的身份突然变成了贝渭中校。[1]

像贝渭少校一样,饶家驹神父对租界当局缺乏行动感到非常沮丧,于是他决定依靠自己,开始营救工作。饶家驹要做此事的愿望和恒心,同他在 1927 年的闸北修道院营救中所昭示的完全一样。夺走他右臂的化学实验也是他不循规蹈矩的一个例证。这些倾向,在一般的耶稣会团体中是非同寻常的,这让饶家驹的长上感到不安,尽管他被誉为出色的组织者、初露头角的外交家、有能力的实干者,而这十年来,这些品质在处理难民危机的几个关键时刻都是不可或缺的。他显露才华的方式甚至让他自己也感到惊讶。他的同伴都说他是一个对自己的才华或成就不事张扬的人。但是,注意到他的行为的人都会发觉,他有着不知疲倦的追求,一旦危机临头,他绝不考虑个人的利害甚至身体健康。震旦大学校长乔治·热尔曼神父谈到饶家驹时说:"他不忽视正统却又同情异端。"[2]如果人们对他的动机或行事的方法有过某种保留,现在也都烟消云散了。无论如何,饶家驹和贝渭行动的结果救出了 2000 多名平民,其中大多数是妇女和儿童。[3]

停火期一过,战斗重又开始,双方都投入了更多的兵力。公共租界里的难民营住了 2311 名难民,在 60 名志愿者的帮助下勉强支撑着。但进入租界的难民数量以每日 2000 人的速度增长。美国基督教青年会和中国基督教青年会的机构向难民敞开了大

---

① 上海工部局:"会议记录",会议日期:1932 年 6 月 1 日。
② 乔治·热尔曼:《记忆的形成》,第 277 页。
③《震旦杂志》第 3 辑,第 7 卷第 3 期(1946 年),Ⅳ 页。

门。法租界里的一座寺庙收容了 300 名难民。[①] 到 2 月底，日本海陆军的增援部队使得日军在上海一役中的总兵力达到 2 万人。这可以说是上海历史上最黑暗的时刻，人们担心南市将会像闸北那样被战火淹没，甚至著名的外滩也无法幸免，这时双方开始谈判停火。[②]

战事以 5 月 5 日日本和中国代表签署的和平协议而告结束。英国、美国、法国和意大利公使也出席了签字仪式，他们被称为"依据 1932 年 3 月 4 日国联大会决议案协助谈判之友邦代表"。[③]

协议的内容考虑到了这一事实：在战争期间，中国军队的侧翼遭到日军的进攻，阵地失守，中国军队撤退到比日军原来的最后通牒中所要求的防线还要靠后的地方。所以停战协议规定：中国军队"留驻其现在地位"，日本军队撤退至公共租界，这样，在以前的交战区域内，中日双方之间形成了一个 20 公里（12.4 英里）的非军事区。只准许中国警察在这一区域内维持治安。另外，任何时候中国军队想横穿上海，都必须得到共同委员会的准许，而委员会必须同日本领事协商。担当共同委员会的"与会友邦"负责证明双方军队的撤退，并继续保证双方遵守停战协定。

上海停战协议并没有涉及仍驻扎在苏州河南岸的中国军队。另外，国联理事会通过一个议案，提出召开会议澄清日本对上海没有政治或领土的图谋，而中国则全力承诺保障外国租界的安全

---

① 《大陆报》1932 年 2 月 5 日。

② 《字林西报》1932 年 2 月 5 日，15 日。

③ 关于这个和平协议的要点，参见《东方事件》(Oriental Affairs)第 8 卷第 3 期(1937 年 9 月)，第 123—125 页。对于双方关注的问题和停战协定的形成，相关讨论参见唐纳德·乔丹《中国遭受战火的考验：1932 年的淞沪战争》第 13 章。也可参阅柯博文《面对日本：中国政治与日本帝国主义，1931—1937》，第 48—55 页。

和完整，但是外国列强认为这个议案的时机不对。对共同委员会来说，解决这些敏感的问题似乎既费力费时又太困难，以致无从着手。在激烈紧张的谈判中，为了达成协议很多时候只能模糊事实和遮盖真相。由于对这些关键问题始终没有明确的答案，上海一直处于动荡之中。① 最后的爆发只是个时间问题了。

正式停战协议的签订，引起了那些对中国军队尤其是19路军顽强抗战留下深刻印象的公众的强烈抗议。但停战协议却符合蒋介石避免与兵力占优势的日本军队发生真正的军事对抗的政策。没有人怀疑这一事实，即中国军队此次是真正在抗击日军，但是今后是否还会交锋却是没有保证的。上海事变后一个最重要的事态发展是民众反日情绪的高涨。反日情绪到处蔓延，在这种情绪支配下建立起来的各种组织迅速登上舞台，推波助澜，中日之间从1937年8月开始重燃战火。

随着和平和宁静的恢复，饶家驹神父开始了他在上海工作的新阶段。1934年，他离开虹口教区，成为新的圣皮埃尔（St. Pierre）教区的神甫。这是一座建在法租界震旦大学校园内的宏伟的新教堂。这一职务变动也让他靠近震旦大学，在那里他重新开始了英语教授的教职。至少有10年的时间，饶家驹神父几乎每天都去上海公济医院探望教区居民和他的朋友。他一直在公济医院董事会担任董事，直到1934年他被选为行政委员会主席。② 他还经常造访圣玛利亚医院——即广慈医院，这也是一家天主教会开办的医院。除了在圣约瑟夫教堂用英语布道外，他的工作还包括慕道班（catechism classes）的教学以及在法租界万国

① 《东方事件》第8卷第3期（1937年9月），第124页。
② 未出版的法文文献，第2—3页，藏于JA；《探索》（Études），1946年11月，第259页。耶稣会的杜若兰（Dejacques）神父在1862年创立了这所医院。

商团任随军神甫。最后,在这许多职务之上,他在 1937 年成为震旦大学女子学院——欧洲圣心学院(College of Sacred Heart)的宗教顾问。

作为救灾委员会的主席和上海社会福利国际委员会(International Committee for the Social Welfare of Shanghai)的新成员,让他再次成为长江洪灾救灾工作的关键人物。1936 年 9 月 11 日至 12 日的晚上,汉口市北部一段长达 100 公里的大堤在不断上涨和泛滥的黄河(似应为长江——译者)水的强力冲击下决堤了。水灾之后接踵而至的就是流离失所、苦难和饥荒。就像他在 1932 年做过的那样,饶家驹组织募集钱款和衣食,救援灾民。他去灾区视察并同地方当局合作,向灾民分发钱款、医药、食物以及其他必需品。为了灾民的利益,他经常规劝和训斥做事马虎的官员。① 在中国官员中,饶家驹被誉为一个公正、诚实、效率高的组织者,他在 1936 年水灾中开展救济活动的表现再一次得到宣扬。

饶家驹意识到中日军队之间日趋紧张的关系随时会引发战争。他忘不了飞机轰炸这种新的城市战争带给中国平民的深重苦难。他曾经亲眼目睹了战乱中的各种个人悲剧。尽管日军进攻上海这一恐怖时刻是在 1937 年 8 月 13 日开始的,但战争的可能性在此之前就明朗化了。战争带来的痛苦要比以往更加惨烈。他的这首诗中凝结的阴郁的情调和凄凉的陈述,反映了他这一时期的经历:

祈　祷

在夜里,微风喃喃低语,
林中呜咽的猫头鹰

---

① 《耶稣会》第 8 期(1946 年),第 2 页。

低声诉说着它神秘的苦痛，

悲哀在心灵深处奔涌。

形色匆匆的黑暗的幽灵

无休无止地恐吓我们，哎呀！

未来与过去

在我的梦中一团黑暗未来

最让我们恐惧

现在不是，过去不是，可能将来它会是

仅仅一滴泪珠

与苍白的梦无异的一种情绪

主啊！请让我们重生希望！

未来仅是你的：阴影

今夜正厚厚地铺展开来

为了我们，请让黑暗减少一些吧。①

———————————

① 这首诗歌的法文原文是这样的：

Prière

La nuit quand la brise murmure

Et la hulote en gros sanglots

Chuchote bas sa pein obscure,

De l'âme un chagrin coule à flots. Sombres specters au vol presse

Nous affolant hélas sans trêve,

Et l'avenir et le Passé

Tournent en ronds noirs dans mon rêve. L'Avenir surtout nous fait peur

Il n'est pas, in ne fut pas; meme

Peut-être il ne sera qu'un pleur,

L'émoi sans plus d'un songe blême. Dieu, veuilles nous render l'espoir!

L'Avenir est à Toi seul; l'ombre

S'épand plus épaisse ce soir,

Fais la pour nous un peu moins somber.

　　1932 年的停战协议旨在让共同委员会监督保持中日之间的和平。停战协议签署以后共同委员会甚至一次会都没有开过,由此可见所谓共同委员会的监督是一个怎样的表面文章。这几年间发生了一系列事件,而不断酝酿着的决定性因素是日本持续向华北施压,以及洋溢着爱国情感的中国抗日组织对此作出的反应。日本军队策动华北五省从中国分离出去,以及由此扩大它的傀儡政权——"伪满洲国"的图谋,在中国的报刊上被广泛谈论。"满洲国"早已被看作是日本在中国的领土延伸,北方数省现在又有可能被划进"满洲国"的版图,日本帝国主义的野心是要吞并整个中国。

　　日本官员总是声称日本采取的大胆行动是正当的,因为他们觉得有必要防止日本居留民即日本侨民免受反日运动和上海普遍的反日情绪的伤害。如果中国(或外国)当局不愿或不能保护日本人免遭伤害,那么就需要日本军队承担这个责任。在很多方面,外国租界就是按照这样的理据行事的。成立会审公廨,组建万国商团,以及 1927 年调集外国军队消除所谓的威胁,外国人采取这些行为,很大程度上是因为他们相信:无论是单独行动还是在一个软弱的政府领导下行动,中国人或者无力,或者不愿意承担保护外国人权利、生命和财产的责任。

　　考虑到这些前提,中日之间的战争是不可避免的了,但当战争发生时,却是不宣而战的。对大多数平民来说,被三个月激烈的战斗裹挟着,如同被扣为人质一般,后果是非常可怕的。像行会、同乡会等中国传统的组织和地域团体,在战争的危急中进行救援方面起到了重要作用,饶家驹神父的人道主义努力也同以往一样引人注目。

　　日本的大陆政策和中国日益增多的团结一致抗击日本侵略

的活动,形成了不可避免的中日冲突的背景。日本策划扩大华北
地区自治的"华北事件",是中日关系陷入僵局的根本原因,最终
导致了战争的爆发。日本关东军和华北驻屯军经常一连数天在
紧靠中国军队的地方进行实弹军事演习。日本还开始在中国旧
都北京周围的河北省加固其军事设施,这一军事新态势引起中国
军队指挥官们的警觉。整个春季和初夏的数个月里,不断有零星
的抗日事件发生,局势越来越紧张,以致有人认为存在着一个抗
日的阴谋,它精心策划了这些抗日活动。[①] 在日本人看来,这些
分布广危害大的抗日活动既不是不可避免的也不是形势所迫,这
让日本别无选择,只好采取行动来保护东亚各国及其人民。

1937 年 7 月 7 日,战争爆发了,当时日军正在靠近北京的河
北省卢沟桥一带进行军事演习。日军与中国 29 军发生交火。双
方也曾试图达成一个持久性的协议,但相互仇恨的势头是如此难
以抑制,新的冲突,更是火上浇油。日本内阁此时已公开决定占
领华北,并发动军队实施这一政策。它野心勃勃的计划是最后要
在华中建立以上海为中心的经济发展基地。一家位于上海的日
本政府控制的公司——"华中振兴株式会社"(Central China
Progress Company)将管理和控制公用事业:电话业务、电力、水
和煤气、市内有轨电车、公共汽车等等。公司的整个经营受到与
内阁一级的对华经济关系部的监督,后者单独受外务省的
控制。[②]

---

① 上海公共租界工部局《市政公报》(1937 年 7 月),指出,1936 年 11 月 23 日被逮捕
并被送往苏州接受审判的"七君子事件"中的救国会七领袖已被释放。对日本人来
说,这是一条让他们感到不安的新闻,因为他们认为救国会领袖和他们领导的运动
是明显抗日的并且卓有成效。
② 美国国家档案文件管理局,"红色机器",档案号:RG 457, box3, No. 1065, 东京致
华盛顿,1938 年 4 月 5 日。

　　蒋介石的政府也得出结论,认为"攘外必先安内"政策不再可行。交战双方决心斗争到底。① 中国人熟知的抗日战争也是第二次世界大战的亚洲阶段开始了,至"珍珠港事件"爆发,进行了四年半。抗日战争持续了八年多,据估计它造成大约 2000 万人死亡,其中大多数是平民,同时给中国沿海城市带来了巨大的损失。②

　　将上海带进战争的是这样一个事件:1937 年 8 月 9 日下午,一名日本军官大山勇夫(Oyama Isao)中尉和他的司机在上海西部的虹桥机场被击毙。像往常一样,导致事件爆发的原因和随后进行的调查有两种截然不同的版本。由于不满事件的处理结果,日军在 8 月 11 日登陆增援海军陆战队。同一天,又有一批舰艇、军火、部队和物资到达上海。1932 年停火后的形势骤然变得紧张起来。在共同委员会的一次会议上,日本总领事冈本季正(Okamoto Suemasa)指控南京国民政府最精锐的部队——第 87 师和第 88 师在上海北部和江湾地区集结,直接违反了 1932 年的停战协议。上海市市长俞鸿钧反驳说,由于日本在靠近北火车站的八字桥和中立区内驻扎军队,从而使得 1932 年的停战协议无效。

　　8 月 13 日,上海市工部局动员万国商团和英美军队在各自防区内进行警戒,宣布目的在于保护工部局所辖范围内的生命和财产安全。法国总领事那齐雅(Paul-Emile)称,他的国家没有下达文件要他在停战协议所要求的共同委员会内任职,因此他在犹

---

① 柯博文:《面对日本:中国政治与日本帝国主义,1931—1937》,第 373—374 页。
② 齐锡生:《战时的国民党中国》,第 41—43 页。

豫是否要加入共同委员会。① 但他又在法租界开始了宵禁，第二天公共租界也仿照实行。感觉到战事一触即发，闸北和虹口那些惊慌失措的居民们想方设法要离开这些可能成为战场的地方。南市的一些居民也开始逃离。很多人迁居到租界。

南京政府动用了它最好的军队和装备在上海而不是在北方与日本一决胜负，也许是希望这样势必能引起外国的干涉和帮助。由于中外双方在上海均有着巨大的利益，南京政府这样想不是没有道理的。但如果中国政府真的是这样计划的话，那它可是失算了，这些国家的政府缠身于自己的国内事务和国际事务，完全顾不上干预中日纠纷。② 相反，各国列强的态度和政策表明，如同以往一样，它们还是不愿为了中国而向日本挑战。

中国的舆论，正如在上海的报刊明确表达的那样，全国性的救国组织、普通民众以及军事将领，都坚决要求抗日，都在促使国民政府把一个地方性的事件当做全国性的问题来处理。如此强烈的情绪和一系列的冲突事件，国民政府确实在考虑新政策，即不惜以事关中外利益所在的上海为代价来抵抗更现代化和更强大的日本海军和陆军。

淞沪战役中的第一波空中轰炸发生在 8 月 14 日上午，当时中国的飞机对日本"出云"（Idzumo）号旗舰进行轰炸，结果没有击中目标，炸弹落在虹口，造成大量的人员伤亡，惊慌失措的难民逃往提篮桥、外滩公园和外滩地区。更大的灾难发生在傍晚时分，当时一架中国飞机在一个挤满了难民的交通转盘处扔下一枚重磅炸弹，接着又在南京路外滩即华懋饭店和和平饭店一带扔下

---

① 詹森与那齐雅谈话备忘录，1937 年 7 月 3 日，詹森档案，第 31 卷，1937A-K，美国国会图书馆藏。
② 同上文，第 43—45 页；徐淑希：《日本与上海》，第 23 页。

另一枚炸弹。伤亡人数是骇人听闻的，至少有 1047 人被炸死，303 人受伤。在南京路一带，伤亡超过 200 人，至少有 145 人死亡。大多数是中国人，一些美国人和其他国家的人也在受害者之列。

租界当局为应对最初的这几起灾难，耗尽了人力和物力。灾难的严峻性和影响表明，一个包括空中轰炸、街头巷战和令人恐惧的难民潮在内的城市战争时代已经来临。随后发生的是中国抗日战争中打得最激烈的几场战斗。

载有英美妇女和儿童的轮船开始在 8 月 17 日上午撤离上海，英国轮船驶往香港，美国轮船驶往马尼拉。第二天，饶家驹神父和一些人建立了国际救济会（International Refugee Committee），总部设在敏休尼荫路（今西藏南路——译者）的中国基督教青年会。① 国际救济会是几个救济组织的合作机构，这些组织包括：中国红十字会、中国天主教会、中国佛学会、慈善团体联合会等等。这个新机构的任务是处理主要从闸北和虹口逃难而来的难民潮，这两个地区正遭受着交战双方的猛烈进攻。国际救济会首要的任务是建立难民营，向难民提供各种必需品。到 8 月 21 日，60 个难民营建立并开始运作，一共收纳了 5 万名难民。在中国同乡会、专业协会和同业公会的鼎力相助下，国际救济会接着将难民送往上海以外的安全地带。为此，饶家驹神父与日本海军中将长谷川清（Hasegawa Kiyoshi）取得联系，得到后者的准许，在一天的时间内把 5000 名难民安全送达上海西南方向

---

① 执行委员会包括挪威总领事奥尔和屈文六。常务委员：饶家驹、傅立德、柏韵士少校、钟思、王一亭、宋汉章、陆干臣、李规庸；总务组：李规庸、陆干臣、欧永康；经济组：宋汉章、钟思、陆伯鸿；救济组：饶家驹、马瑞山、柏韵士；秘书：欧永康。《北华捷报》1937 年 8 月 25 日；《国际救济会年报，1937—1938》，徐家汇藏书楼藏。

的港口城市宁波。

到 8 月 20 日，浦东成为日本空中轰炸的重要目标，新一轮的难民潮开始了。8 月 23 日上午，在上海派遣军司令陆军大将松井石根（Matsui Iwane）的指挥下，日本军队在上海东北部的吴淞口一带登陆。日军增援部队总数超过了 5 万人，正如松井石根将军的警告："这里不可能有和平，除非中国改变态度并停止各地的挑衅性的攻击行为。"①

8 月 26 日，日本飞机用机枪扫射了英国大使许阁森（Hugh M. Knatchbull-Hugessen）爵士乘坐的汽车，当时他正在从南京到上海的途中，车上挂着英国国旗，这次事故使得许阁森大使脊柱严重受伤。但是，当时外国对此的反应却是出奇的谨慎小心。9 月 28 日，国联理事会听取了中日双方代表为各自立场所做的辩护。休会前，国联大会唯一的行动是正式通过了一项决议，谴责日本飞机对中国城市和乡村的狂轰滥炸。

上海的闸北、浦东、南市所遭受的灾难可以说是非言语所能形容的。华界北部，闸北和虹口的部分地区，特别是闸北，过去是工业区和中国居民的聚居地，现在要么正在燃烧，要么成了一片瓦砾。在数量庞大的难民潮中，许多人在哭号求助。很多家庭妻离子散，狭窄的街道上回荡着那些寻找亲人的难民此起彼伏的哭喊。在疲劳和饥饿中昏厥病倒的人数不胜数。这些贫困潦倒、惊慌失措的难民，因为无处存身，只有逃入租界。除了收留并帮助那些因轰炸而无家可归的本国侨民，公共租界和法租界当局还被迫面对数量庞大的中国难民。

11 月 5 日，日军在杭州湾登陆后，从上海南部北进，并攻陷

---

① 引自《东方事件》（1937 年 9 月），第 144 页。

了上海北部的吴淞要塞和吴淞口。日军所经城乡，一片战火，民众纷纷外逃。这样，租界当局不仅要面对来自与租界相邻的上海华界的难民，还要接收遭到日军蹂躏的其他城乡地区的难民。

工作极为艰巨。9月一份中文报告估计，在租界这块面积只有13平方英里的土地上有50万名难民。① 除了难民的压力，还有因为厂房

战火中逃难的中国难民正穿越外白渡桥。照片出处：《东方事件》（1937 年 9 月）。

被毁、工厂歇业和日本工厂里无数的罢工所造成的大量的失业。② 1937 年公共租界难民的数字表明，当时共建了 103 座难民营，收留了 53767 名难民。到 10 月，难民营增加到 110 座，共收留难民 72070 人，另有 4190 名难民住在巷道里和大街上。数千名难民在公园或空地自己的铺盖上过夜，白天则在街上游荡。到 1937 年 11 月，难民数量达到最高峰，租界共有 142 座难民营，收留了 91815 名难民，还有 3645 人住在大街小巷里的。③

---

① 《申报》1937 年 9 月 7 日，第 5 版。
② 上海公共租界工部局：《市政公报》，卷 30(1937 年)。1937 年 7 月的警务报告提到了 19 起罢工；《申报》1937 年 9 月 14 日。
③ 上海公共租界工部局：《市政公报》，卷 30(1937 年)。

12月,法租界的数字是,难民营40座,收留难民25900人。① 仅震旦大学校园里,就有2300名难民住在席棚里。② 交通大学提供的用于避难的另一座大难民营,收留17000名难民。位于吕宋路的上海银行公会学校容纳了大约4500名难民。③ 当然,尽管这些数字看起来很精确,实际上只不过是尽量估计而已。而由同乡会和同业公会辅助进行的可靠的官方统计是完全没有的。

当然,发生在上海的仅是这场大灾难的一部分。据一位记者估计,大约有3000万战区难民西迁,是现代历史上规模最大的移民运动之一。④

上海工部局对难民危机似乎束手无策。其政策的基本方向就是不要卷入难民事务,而是把这个问题留给国际红十字会,其他国际组织,以及传统的中国救济组织。⑤ 当工部局采取行动时,当务之急是要保护租界的秩序、治安和财产。一无所有的难民大量涌入租界,带来了抢劫、米骚动等治安问题,租界犯罪率的上升让租界当局忧心忡忡。为了防止传染病的可能传播,开展了一场在难民营给难民注射天花和霍乱疫苗的运动。⑥

随着天气逐渐变冷,工部局在10月初组织了一个八人委员会筹划过冬的方案。但是,工部局仍然作出一副超然于难民事务的姿态,让人感到悲叹的一个事实是,迟至1938年5月25日,工

---

① 冯毅(音):《地方精英与地区团结》("Elites locales et solidarities régionales")第78页列出了1937年8月到1940年12月之间公共租界和法租界内难民营的名称及其地址。
② 《北华捷报》1937年9月22日。
③ 《国际救济会年报,1937—1938》,徐家汇藏书楼藏。
④ 冯齐:《上海与外界》,第362页。
⑤ 上海工部局:"会议记录",卷24,会议日期:1937年9月;冯毅(音):《地方精英与地区团结》,第84页。
⑥ 《大陆报》1937年10月1日。

部局仍然没有一个完整的难民政策。①

即便如此,工部局的反应,至少在最初要比法租界宽厚仁慈得多,因为战斗刚一打响法租界就向逃难的人关闭了大门。一旦穷困潦倒的难民的数量超过了公共租界的承受能力,租界当局也堵住了各个进口,并制定严厉的证件登记政策,控制难民的流入。工部局不断向各种救济组织施加压力,要他们加快遣返难民回乡。②

中国方面对危机的反应是继续开展遣返工作和实施救济计划。各种相互竞争的全国性、国际性和地方性组织进入救济工作,他们之间出现了争夺影响力和资源的激烈的政治斗争。在10月,上海市政府决定由"非常时期难民救济委员会"负责监督以前由各救济组织完成的难民救济工作。该委员会在上海市政府社会局的领导下进行工作,并代表所有的公共救济组织。③

在记者招待会上,新成立的"非常时期难民救济委员会"主席潘公展解释说,难民工作不能"仅仅由受到战争影响的城市当局来处理",它最终必须置于国民政府的监督之下。在上海,各种救济组织至少照管了88303名难民,遣返了64000名难民。考虑到上海难民问题的严重性,国民政府把全国的救济工作置于潘的委员会的监督之下。④ 尽管由国家督办难民事务的政府政策是合理的,但它至少在当时还不能解决各团体竞争的问题。像广东同乡会、宁波同乡会、常州同乡会等组织继续募集资金,提供难民营,遣返同乡。

---

① 上海工部局:"会议记录",卷25,会议日期:1938年5月25日。
②《申报》1937年8月24日。
③《大陆报》1937年10月2日。
④《大陆报》1937年10月9日。

在一场激烈的战斗之后中国军队开始撤退,路线是从虹口和
杨树浦开始,穿过外白渡桥,然后向西抄近路穿过城市进入乡村。
中国军队在战斗中伤亡巨大。新训练的中国军官团的人员在战
斗中大批死亡。将近 1/3 的国军士兵在战斗中阵亡。[①] 据上海
市社会局的报告,上海工业损失严重,有 5255 家工厂被毁。由于
飞机和大炮的轰炸,加上人们藏身的房子不堪一击,很多人不幸
遇难。据估计,淞沪会战中上海有 30 万人丧生。[②] 战争带来汹
涌的难民潮,人们迫切需要一位坚定和有经验的领导人。

由于做过各种各样的工作,在救济和营救工作方面有着丰富
的经验,饶家驹神父是胜任这一重任的不二人选。基于他在
1932 年上海事变期间的经历和服务,他很早就在思考怎样在战
争中保护平民这个问题了。他已经看够了在饥饿、贫穷和死亡的
边缘苦苦挣扎的难民所遭受的痛苦。他与上海市市长关系良好,
并同各种外国团体的领袖均有着长期的友谊,这一点在现实中是
非常重要的。就像下一章所示,就是在 1932 年中日交战之际,他
与日本当局的合作,让他得到上海这些大利益集团的信任。

---

① 叶文心主编:《战时上海》,第 3 页;易劳逸:《毁灭的种子》,第 144 页。
② 齐锡生:《战时的国民党中国》,第 43 页。

第四章 饶家驹安全区

在试图探究它的生活的秘密之前,让我们仔细地看一下它。仅仅是从表面思考它,我们也能从中得到教训和力量,那就是:对上帝箴言的感知。

——德日进

1937 年 8 月那场未经宣战的淞沪战争爆发时,饶家驹神父的信任、能力和个人魅力,在上海已经很有名望。包括中外各方面的官员和外交官、本地的和外国的商人、新闻记者和慈善机构的官员,都认同这一点。如果说还有人对他持保留看法的话,那么,在震旦大学校长乔治·热尔曼神父的讲话算是表达了这种意见,他说:"他的独立不羁让人甚感不安。我一直不能完全相信他传教的方法。"①对于饶家驹的"原创性的传教方法",他的宗教界同行都持热尔曼的看法,不过,他们也都乐于认可他在中国天主教会和华人社区服务时所表现出来的独创性、才华和成就。

饶家驹对国际安全区概念的发展以及把它变为现实,是他对上海的难民工作所作出的重大贡献。它成为被中国和世界其他地方学习的成功的安全区的范例。在这场不宣而战的战争的最

---

① 乔治·热尔曼神父致教省的信(1934 年 12 月 27 日),引自博肃礼:《法国人在上海,1849—1949》,第 171 页。

混乱最危险的时刻,上海安全区给 25 万至 36 万中国人带来了安全。上海安全区一直存在到 1940 年 6 月,那时局势才达到某种稳定,所有的难民都返回了家乡。我们的问题是,饶家驹是怎样产生保护难民的念头的? 他的提议是否曾有先例? 当然,1932年上海停战协议的核心是中立区,这一点前文已经谈及。为结束1937 年的战事,外国列强再次将中立区作为停战协议的基础。

人们迫切关注的是,一旦中国军队扛不住日军的压力,人口稠密的南市区将会变成一个令人恐怖的新战场。一般人心目中最初的安全区的构想,和 1932 年的非军事区相似,都带有战时的气息。从信念,也是从外交需要出发,饶家驹对安全区提出了一种更简洁的看法,他说:

> 南市(南投)的这片地区,是为平民提供安全的地方,它不是"中立地带",因为它既不中立也不是一个地带;不能直接称它为非军事区;它肯定不是为了法国人的利益而设立的,也不是要保护南市的教会财产……简而言之,它是:非战斗人员安全区。安全区之所以能够存在,是因为出于人道主义原因,无论日本还是中国都想保护非战斗人员。①

作为一种概念的安全区

专门致力于人道主义目标而无政治或宗教色彩的安全区概念,在现代欧洲思想中确实渊源有自。有证据表明,饶家驹神父曾参与在他的欧洲朋友和同事之中开展的关于战时保护平民的

---

① 《战争中的中国》,《密勒氏评论报》,"特刊",1937 年 12 月,第 8 页。

讨论和辩论。在欧洲的辩论中,有一位重要的人物是法国外科医生乔治·圣保罗(Georges Saint-Paul,1870—1937),他在1929年提议在战时为平民和生病、受伤的士兵设立安全区。1931年,圣保罗在巴黎创建了"日内瓦地方协会"(Association des Lieux de Genève)以推动安全区的创设,从1937年开始,该组织出版了一种名叫《日内瓦区:白区》(Lieux de Genève:zones blanches)的小册子。[1] 他的想法源于他在第一次世界大战期间的见闻和经历过的混乱和暴行,1914年时法国20岁至32岁之间的男性,几乎有一半是在这场战争中丧生的。[2]

　　一战带来的痛苦和大屠杀制造了愿意倾听的听众,圣保罗的想法受到法国国民议会的密切注意,并在1935年表决支持像"日内瓦地方协会"这样的概念。不久之后,法国政府想让安全区的

停泊在黄浦江上的日本战舰。照片由法国魁北克城的耶稣会士档案馆提供。

---

① 乔治·圣保罗最初的想法可参见《医学进展》(Progrès medical),1929年4月27日。也可参见 www.icdo.org/ab-history.html(访问日期:2007年8月17日)。
② 日内瓦地方协会编:《现代战争与对平民的保护》,第13页。

存在正式化和永久化，就接洽国联要其采取行动给予这些新想法以国际支持和官方支持。国联的反应是，开始初步协商，支持建立安全区的提议。尽管如此，还是有很多人质疑安全区的计划是否可行、能否取得成功。和平主义者和一些人指责计划不切实际，肯定不会被战时任何一支军队所遵循。[1]

在请求把"日内瓦地方协会"由巴黎迁到日内瓦之后，圣保罗就在 1937 年去世了。亨利·乔治（Henry George）是一名住在日内瓦的瑞士公民，他负责在日内瓦建立了一个与圣保罗的组织几乎同名的组织，即"日内瓦国际协会"。它的计划和方法明显受到圣保罗在巴黎形成的想法和行动计划的启发。新的日内瓦组织，为了便于进一步讨论，并为将来召开探讨安全问题的国际会议提供议程，它发起一个"前导性研究"（avant-projet），把对国际法和战争法专家可能会有用的信息和经验汇集在一起。[2] 饶家驹新近在上海的成功被认为是战时安全区最重要、最有说服力的证据。饶家驹安全区的活动被描述为"珍贵的证词"，彻底证明了这些新概念的可实践性，尤其是涉及到了空中轰炸中无辜的受害者。同时，与饶家驹的工作类似的"日内瓦地方协会"，被誉为代表了每一个民族都向往的道德、司法和人道主义行动的准则。人们情绪激昂，认为这些新的制度安排也许能够在将来避免发生一战中这样的大屠杀和不幸，也算是对一战的悲剧有所补偿。

除了"日内瓦国际协会"这个计划，亨利·乔治还发起了另外一项计划，那就是在战时保护无法转移走的历史遗迹。[3] 以往，

---

① 日内瓦地方协会编：《现代战争与对平民的保护》，第 14 页。
② 与安全区相关的"前导性研究"，参见日内瓦地方协会编《现代战争与对平民的保护》，第 4 章。
③ 日内瓦地方协会编：《现代战争与对平民的保护》，第 18 页。

公众舆论总是尤为关注在空袭中受到威胁的那些无比珍贵的历史遗迹、艺术品和建筑物的命运。"日内瓦国际协会"认为，这些珍宝的美及其对文明的影响力，足以形成各民族间达成一个为这些文物提供安全保障的国际协定的基础。人们将会围绕着这个高尚的目标团结起来。圣保罗的信念一直是讨论的中心，即行动的基本动机只能是人道主义。圣保罗说，"日内瓦地方协会"没有既定的意识形态。它"既不是天主教的也不是福音派（即新教）的；既不是犹太教的也不是佛教或伊斯兰教的；既不是保皇党的也不是共和党的；既不是苏维埃的也不是古罗马执政官（即：法西斯主义）的。"[1]我们将会看到，这也就是饶家驹神父在上海谨慎遵循并成功实现的计划。在这一过程中，安全区从仅仅是一种理论变成一个可操作的现实，尽管其间伴有大量的书面解释和争论。

西班牙是第一个尝试建立平民安全区的国家。它出现在1936年7月开始的历时三年的西班牙内战中。[2] 法西斯军队在佛朗哥将军的领导下与集结在"人民阵线"下的西班牙共和军展开了激战。佛朗哥得到德意法西斯的关键的支持，两个国家向佛朗哥提供武器和装备，希望借实战机会检验它们的军事装备。德国王牌飞行员无情地轰炸了格尔尼卡小镇，情形十分悲惨，这成就了毕加索以这个小镇为名的著名油画。在空中轰炸之后，德国人又用机枪扫射格尔尼卡的街道，半数居民死伤。只是到了后来

[1] 日内瓦地方协会编：《现代战争与对平民的保护》，第 18 页，法文原文是这样的："l' Association n'est ni catholique, ni évangélique, ni isréalite et pas advantage bouddhiste ou mahométane; elle n'est ni royaliste, ni républicaine, ni soviétique ni prétorienne."。

[2] 胡格·托马斯：《西班牙内战》，第 221 页。

日本士兵正在攻占一座桥。照片出处：
《东方事件》（1937 年 10 月）。

德国人才承认袭击格尔尼卡是检验恐怖轰炸效果的一次试验。对马德里、巴塞罗那和其他西班牙城市的空袭都属于人类历史上最早的对平民的大规模轰炸，而 1932 年日本对上海的轰炸则是人类历史上的第一次。记录了他们悲惨遭遇的画面，向国际社会展示了现代战争的非人性的残暴，在现代武器的强大威力下，手无寸铁的难民们只有彻底的绝望。

亨利·乔治和他的协会向西班牙当局提出三点紧急呼吁：至少为妇女和儿童建立安全区；官员和军队必须尊重安全区的神圣不可侵犯性；中立的警察监督员要保证安全区不能用作军事目的。[1] 瑞士代办建议本国政府要求西班牙交战双方在遭到战争重创的马德里划出一片地方，按照上述三项条款设立平民安全区。瑞士政府同意研究这一请求并与国际红十字会联系，要求红十字会推动此事。国际红十字会是为保护生病或受伤的军人而制定的 1929 年《日内瓦公约》的发起者，但这部公约的条款并没有把保护平民考虑在内。早前在 1907 年通过的《海牙

---

① 日内瓦地方协会编：《现代战争与对平民的保护》，第 22 页。

公约》包含保护不作军事用途的建筑物的条款,但是它也没有涉及保护平民的条款。在研究了这一提案之后,国际红十字会的结论是,采取任何行动都已经太迟了,都不可能对西班牙法西斯主义者与共和主义者两派之间正在进行的内战产生影响。各方仍对战时安全区的效果持怀疑态度。早前,就是这样的疑虑阻碍了法国的提议和国联的协议。因此,最值得一提的是,西班牙的实例,推动了建立难民区的国际努力。

随着日本进攻北京附近的卢沟桥,空战史揭开了新的一页。国联对日本在华行动的谴责毫无效果。由于日本始终不作正式宣战,国际社会也就回避了采取任何行动的责任。运用"日内瓦地方协会"的概念来保护上海平民,因而成为国际社会善举的第一个宣示和证明。

在 1937 年淞沪战争一开始,日本就坚持认为南市——位于法租界南部包括上海老城厢及其郊区在内——正被中国军队用作军事活动的基地。相反,中方坚持说,这个地区只受上海市保安处警察的保护,因此不能被看作是军事基地或用作军事目的。但是,当被日军围困的中国军队被迫从闸北撤军,越过苏州河进入南市时,南市也就成为中国军队的后方,于是南市的形势和地位变得更为危险了。中国军队和数量巨大、居住密集的南市平民混杂在一起。出于对平民命运的担心,9 月 9 日中国驻法国大使顾维钧向国联紧急呼吁,恳请其采取行动来帮助解决这一危险的对峙。① 日本外相广田弘毅 9 月 2 日在一次访谈中的讲话让顾维钧大为惊慌,广田讲话的大意是,上海的战斗是由于中国军队侵入根据 1932 年停战协议建立的中立区造成的,中国军队的行

———————

① 《字林西报》1937 年 9 月 14 日。

动实际上"直接挑动了日本"。① 广田弘毅还声称,各国驻南京的大使们没有遵守规定监督 1932 年停战协议。广田所作评价的大意和要点表明,在这次中日冲突中,第三方的积极干预,哪怕是国联的干预,都不会得到日本的认真对待。情势发展到了无法挽回的局面,与前面提到的西班牙内战时期的形势非常相像了。

在上海本地,两个租界当局的一贯态度是,他们无力终止战争进程,他们只能全力处理让他们头疼的中国难民潮。到 9 月初,已有 50 万中国难民涌入公共租界。② 上海工部局为此成立了"难民调查委员会",委员会向工部局汇报事态发展和提供建议,并同已经存在的"国际联合遣送难民委员会"、"难民问题咨询委员会"协调信息和工作。③ 由于混乱的环境和担心外国资产遭到大量破坏,几乎租界里的每一个团体都认定有必要建立一个难民工作委员会来密切关注事态的发展。与此同时,来自南市的惊慌失措的中国难民向法租界寻求避难,他们紧靠着法租界的大铁门挤作一团,并试图闯进租界。至少有 25 万名难民没有受到任何保护,一想到日本飞机轰炸这一人口密集地区,而居民很可能被卷入轰炸和燃烧的建筑物之中,这对所有的人来说都是不寒而栗的。人们普遍担心的是,在闸北、浦东和虹口已经发生的伤亡和破坏将会在南市和上海南部地区重演,尽管很多人已经逃离,但仍有很多人生活在这里。

---

① 法文《上海日报》,1937 年 9 月 5 日,刊登了广田弘毅访谈的全文。

②《申报》1937 年 9 月 7 日。

③《字林西报》1937 年 9 月 29 日;法文《上海日报》1937 年 9 月 29 日。

与交战双方谈判

在法租界教区内，饶家驹开始设法来避免这一潜在的灾难，他劝说难民在法租界外等候，许诺给他们寻找避难所，让那些惊恐的难民平静下来。作为一名外国侨民，这给了他中立的身份，同时让他在行动时有一定的安全保证。他邀请法国舰队副总司令比佐（Le Bizot）陪同他去日本领事馆会见日本第三舰队司令海军上将长谷川清，和他一起讨论难民问题。他向日方说明他的提议，即在南市划出一片地方作为难民保护区，日本人不得轰炸或袭击这个区域。他希望这个保护区能向难民提供在享有特权的外国租界里所能得到的同样多的保护。在听了饶家驹计划的细节后，这位日本海军将领承诺请示当局是否同意这个带有创见性的请求。饶家驹坚持说，即便没有日方的回应，他也要进行下去，并且，因为局势紧迫，他准备按计划着手搭建一些设施。[1]

作为上海国际红十字会的副主席及其下属的难民委员会的主席，饶家驹开始在南市物色一块地方作为保护难民的安全区，这将是 25 万中国等国的难民躲避战火的天堂。[2] 这就是后来的上海安全区。一个由饶家驹领导的名叫"南市监督委员会"的新

---

[1] 《申报》1937 年 9 月 23 日。

[2] 为了协调救济工作和处理上海的紧急情况，中国红十字会国际委员会（通常称作"上海国际红十字会"）在 1937 年 10 月 2 日宣告成立。这个组织得到了中国红十字会的许可。它的总部设在上海国际饭店，执行委员会主席是颜惠庆博士，副主席是饶家驹、普兰德、钟思，贝克博士是主管，Y. Y. Tsu 博士和贝铁德是执行秘书，贝内特（C. W. Bennett）是司库，S. M. Sze 博士是秘书，安献令、马锡尔、J. K. Choy、唐纳、冯炳南、艾勒思、Rev. R. D. Rees、施肇基以及 F. C. Yen 是会员。《教务杂志》(Chinese Recorder)，1937 年 12 月，第 781 页；法文《上海日报》，1937 年 10 月 29 日；《大陆报》1937 年 11 月 6 日；《申报》1937 年 10 月 30 日。

南市监督委员会委员。照片出处：《饶家驹安全区的故事》（上海，1939）。

委员会成为实践他的理念的执行机构。它的成员来自多个国家，其中包括 3 名法国人、2 名英国人、1 名挪威人、1 名美国人，他们的确代表了上海的外国精英。[①] 难民委员会的代表性，确保饶家驹在同中日双方，当然还有和西方列强交涉时，得到有力的支持。在这方面，无论中国人还是日本人，在他们的社交和工作中，非常看重地位以及是否带有"洋气"。当然，对饶家驹还有一个有利点，就是侨界领袖都怀有一个通常不愿明说的愿望，就是设法在他们享有特权的，而确实也过于拥挤的外国租界之外找一个地方来安置难民。

当务之急是要说服日本侨民和日军，给难民提供秩序，减少

[①] 南市监督委员会的成员如下：饶家驹神父是主席；安献令是名誉司库；巴布德是法租界公董局董事；贾斯帕是法租界公用事业的司库；麦克诺登准将是副主席，来自上海工部局和英商公会；柏韵士少校是中国工程学会的前会长；普兰德是美商公会会长、上海工部局董事。《饶家驹安全区的故事》，第 23 页；《上海指南》，1938；"La Zone Jacquinot"，《对华关系》（Relations de Chine），1938 年 4 月，第 336 页。

对平民和城区的破坏，都是
对日本有利的。以此为目
标，饶家驹神父开始同中日
当局进行了紧张的秘密谈
判，谈判持续了三天三夜。
他首先拜会了上海市市长俞
鸿钧。与上海市市长谈判的
结果是，饶家驹亲笔起草了
一封信，信上有他和市长的
联合签名，信的内容是，在南
市划出一块区域作为难民的
避难所，日本军队不得对此
发动进攻。信中明确指出，
安全区东面、北面和西面以
法租界南面的民国路为界，
南面以方浜路为界。① 接

饶家驹神父会见日本领事。照片由法
国魁北克城的耶稣会士档案馆提供。

着，饶家驹向日本总领事冈本季正报告了这份"协议"。由于中方
立场的明朗化，冈本季正答应与日本地方驻军和海军当局协商，
并把与饶家驹商谈的内容发电报给东京，说明饶家驹提议划出保
护区收容难民。在所有这些谈判中，饶家驹的才干发挥了关键的
作用，正如一份中文材料所说的，在英语和他的母语法语之外，他

---

① 《饶家驹安全区的故事》，"附录"；日本外务省档案（下文引用时作"JFMA"），S1.1.
   1.0-27，第 4174 页；这份写于 1937 年的关于饶家驹安全区的报告成为日本外务省
   出版的另一份报告的一部分。Shitsumu hōkoku；Tōa kyoku（下文引用时作
   "Shitsumu hōkoku"）。

操着一口"漂亮的"普通话,还能讲上海方言,再加上他流利的日语。① 在危机时刻,这些才能是极其有用的。

在与饶家驹磋商后,冈本季正称赞饶家驹"为从战争带来的悲惨后果中拯救中国难民作出了卓越而又有价值的努力"②,他证实日本非常乐意最大限度地减少对中国非军事人员的伤害,并同意遵守以下三点:商谈中的区域必须限制在与法租界毗邻的地带;中国政府必须保证中国士兵不会进入这一地带;如果南市被日本军队占领,这个区域自动归日本管辖,只要该区域内的居民行为举止让日本当局满意,他们将会得到善待。早在 11 月 3 日,日本媒体就证实日本支持饶家驹的计划,并称日本当局恭候俞市长签署协议。③ 饶家驹希望整个南市都被划进安全区,而不是仅仅北部的一部分,但是考虑到日方新近取得的军事成功,他决定不能要求太多。冈本季正表示欣赏和赞成饶家驹公正的立场和合

俞鸿钧市长和他的夫人。照片由 **Malcolm Rosholt** 提供。

---

① 参见徐迟《起床的上海》。
② 冈本季正致饶家驹的信,1937 年 11 月 5 日,《饶家驹安全区的故事》,"附录"。也可参见被截获的电报 2533 号,1937 年 11 月 8 日,冈本季正就必须要满足的条件致东京的电报,美国国家档案文件管理局(简称"NARA"),947004,D(7-869),译电时间:1937 年 11 月 12 日。
③ 被截获的电报 2533 号,1937 年 11 月 8 日;《朝日新闻》1937 年 11 月 3 日。日本人把这个安全区称作"*Shanghai anzenku*"或"*Shanghai anzenchitai*"。

作,他说:"他[饶家驹]理解我们的态度。"①日本总领事随即通知日本地方驻军和海军的司令官们,称他对饶家驹与中国当局——无论是民政当局还是军政当局——的商谈十分满意,他说这有助于防止中国军队进入安全区。②

当第一次面对日本人开列的条款时,市长俞鸿钧颇为反感,但在与饶家驹讨论并经过一番劝说之后,他至少答应了中方不再坚持使用位于安全区内的两个未标明的"军事设施"。俞市长也在1937年11月5日给饶家驹的信中证实:"在安全区,为证明协议的条款是否得到遵守,我方的警察随时会接受国际委员会的检查和调查。"③意识到局势的高度敏感性,饶家驹决定不向中方展示冈本季正在11月5日写给他的一封信,信上说日本军事当局和海军当局确信,在附近地区的敌对行为可能也会影响到安全区,"而且,一旦中国军队被我们从毗邻地区赶走,我们当接管这一区域"。④ 但饶家驹却把同样在11月5日冈本写给他的另一封信与中方分享,在信中,日方的态度比较温和,从信中使用的更为一般的话语就能看出这一点:

> 现在我非常高兴地向您证实,国际红十字会难民委员会主席[饶家驹]的人道关怀和他所提供保证,以及确保将有专门警察保卫的上述安全区,任何对其地位的侵犯将保证予以立刻报告,所有这些使日本的海陆军受到强烈的触动,他们答应不会再进攻上述安全区,只要它们如所保证的那样仍

---

① JFMA, S1.1.1.0 - 27; JMFA, *Shitsumu hōkoku*.
②《上海文史资料》选辑第51辑,1985,第174页。
③ 俞鸿钧致饶家驹神父的信,1937年11月5日,参见《饶家驹安全区的故事》,"附录"。
④ JFMA, S1.1.1.0 - 27; JMFA, *Shitsumu hōkoku*;被截获的电报2533号,1937年11月8日。

是……一个专门为平民设立的地区,完全杜绝任何军事行动或武装的敌对行为。①

日本方面说,当国际委员会向日方报告说它正在监督这块新的区域,并确认中国正在履行它向国际委员会所做的承诺,那么,这个全面的"协议"就会生效。11 月 9 日,饶家驹告诉冈本,国际委员会已视察过这块区域,并确认与中方签订的协议已被履行。他保证国际委员会将按照协议履行规定的义务。饶家驹安全区在 1937 年 11 月 9 日下午 5 点正式对外开放,安全区的边界插上红十字会的旗帜。② 南市监督委员会非常正式地发布了一项通告,称这块区域是为非战斗人员而保留的,委员会已经查明所有的承诺都已得到严格遵守,并宣布按照协议的条款向居民开放安全区。但是,有一个小疏漏,日本文献表明,他们从未收到中方的书面确认。③

应当指出,安全区的概念以及有关在武装冲突期间建立安全区的讨论对日本政府并不陌生。日本红十字会在东京主办了1934 年的国际红十字会大会,这次会议通常被称为"东京计划"(Project Tokyo),会议期间,通过了比利时政府的提议,即组织一次专门的外交官会议,研究战争规则和创建安全区,特别是要研究中立国如何处理难民潮的问题。④ 1936 年,在日内瓦召开了外

---

① 冈本季正给饶家驹的信,1937 年 11 月 5 日,参见《饶家驹安全区的故事》,"附录"。
② 《申报》1937 年 11 月 6 日、7 日、9 日、10 日;日本媒体的报道也证实了安全区的开设,报道说:随着俞市长正式认可,完成了设置安全区的程序,《朝日新闻》1937 年11 月 9 日。
③ 被截获的电报,D(7 - 869),1937 年 11 月 8 日。
④ 《红十字国际评论》第 243 期(1939 年 4 月),第 300 页;里夏尔:《国际红十字会会议决议案》,第 299 页。国际红十字会成立于 1863 年;到 1919 年,已有 63 个国家的红十字会参加了该组织,其中包括中国和日本的红十字会。

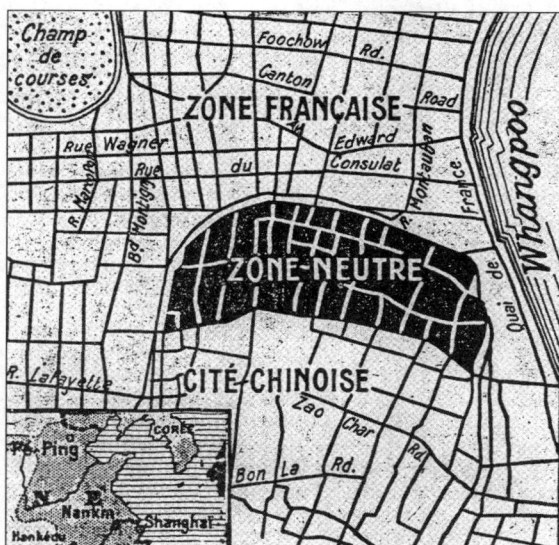

法租界地图上阴影部分是饶家驹安全区。照片出处：
France：Dimanche（1946 年 9 月 21 日）。

交国际会议，会上形成了利用安全区保护平民的一些初步的想法。东京会议，即"第 15 次大会"，由日本红十字会主席德川家达（Tokugawa Iyesato）亲王主持。作为后来者，日本人为成为这一声望很高的国际机构的会议主办方感到非常自豪，日本红十字会领导人受到鼓舞，大书特书这一段历史，最引人瞩目的莫过于 1934 年大会的各种纪念品。居然还有一项计划是建立一个博物馆来好好地展示这些纪念品。无论如何，重要的是，尽管日本还不是 1929 年《日内瓦公约》的签约国并且在 1938 年退出了国联，但日本继续派员参加了随后的几个会议和大会，这些会议继续努力，一直在探讨现代战争的影响。

　　饶家驹同交战双方进行"外交"谈判的关键是，他有能力处理协议的用词，因此当谈判的结果被各国和各社区的报刊报道时，无论是日本军方、日本政府还是中国军方、中国政府都表示赞成。饶家驹并不催着双方签署一份正式的协议，相反，他极力达成一份不怎么明确但却更能让人接受的"谅解"（understanding）。他的策略是让日本和中国当局逐渐接受南市保护区即饶家驹安全区的存在，但却不用术语来暗示交战双方已达成一份"协议"（agreement）。① 日方"承认"安全区的存在，中方也一样。一名中国新闻发言人强调说："计划的完成并不包括中日当局之间达成的任何协议……重要的一点是，任何谅解都是与国际委员会达成的，而不是同日本。日方也是这样。"② 协议被掌握在一个"慈善组织"的手里，而不是作为竞争对手的第三方列强的手里。通过他精明的策略和巧妙的术语，饶家驹把交战双方带到一起，让他们认可在上海为中国难民建立安全区，特别是，准许他开始着手实施这一计划。

现实中的安全区

以饶家驹冠名的安全区，南部以方浜路为界，贯穿了上海老城厢；民国路，过去是上海旧城墙所在，现在则成了安全区的北部边界；法租界的界线则成了安全区东部和西部的边界。方浜路上用带刺的铁丝网围了起来，不过其他地方没有路障。③ 国际委员会签发的第二个公告，重申已经达成的两个协议：一个是国际红十字会与中国当局达成的协议，另一个是它与日本当局达成的协

① 《大陆报》，转引自《申报》1937 年 11 月 7 日。
② 《字林西报》1937 年 11 月 5 日。
③ 《饶家驹安全区的故事》，第 5 页。

议。法令解释说,是三方人道主义的愿望才促成了上述两个独立的协议的签署。① "安全区内禁止出现武装部队、军事设施和武装冲突"②,安全由在中国民政部门负责,除了平时警务活动所需的便携式左轮手枪和警棍外,在安全区巡逻的警察不允许携带任何武器。中国方面认为安全区的警戒事关主权,坚持认为那应当是中方的责任。有中文材料显示,鉴于帝国主义国家在上海的领土扩张问题上给中国留下的历史经验,中国政府必须明确建立安全区不是法国向南扩张法租界计划的一部分。而且,中国方面还要确保没有签署其他的协议,一旦战争结束,安全区将不复存在。③

战火包围中,饶家驹安全区勉力以存。照片出处:《饶家驹安全区的故事》(上海,1939)。

① 法文《上海日报》1937 年 11 月 10 日。
② 同上,"报刊上刊登的布告正式宣告设立安全区",参见《饶家驹安全区的故事》,"附录"。
③《申报》1937 年 11 月 6 日。

上海市市长作出书面承诺,保证安全区内不会出现军事组织和军事活动,饶家驹的难民监督委员会负责保证中方作出的所有承诺都要被遵守。作为额外的保护,饶家驹增加了一个条件,即:如果安全区爆发暴乱,导致监督工作无法执行,难民监督委员会要通知中日双方,之后委员会将收回维持安全的承诺和保障安全的保证。作为对中方的理解,委员会也清楚地表明,建立安全区无论如何不能被解释为对中国政府的主权有任何影响,200 名中国警察将负责维持安全区的治安就是一个明证。[1]

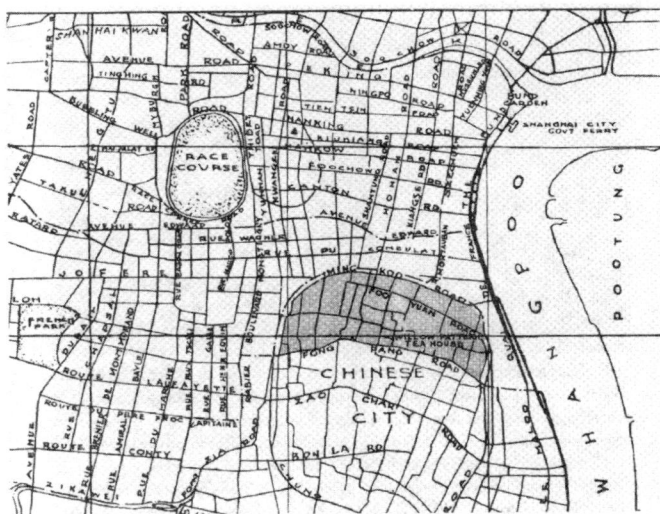

上海城市中面积极小的饶家驹安全区。照片出处:《字林西报》。

在公共租界避难的难民穿过法租界,川流不息地进入了新的安全区。最初,为了保证安全区有必要的秩序,难民委员会增加了一层治安手段,即雇用了一部分受过军事训练的没有国籍的白

---

[1]《申报》1937 年 11 月 10 日。

俄来协助中国警察。这些白俄警察很了解难民,他们自己就是在十月革命以后被迫成为难民逃到上海这个开放的港口城市的。很多人以前是白军和俄国海军,一些人甚至还是军官,上海此时正用得着他们。法租界派出一名巡警悄悄地和这些白俄警察一起工作。除了在数量庞大的难民中维持秩序外,就像在上海其他地方一样,警察还要处理普遍存在的盗匪、贩卖鸦片以及开设在安全区内的赌场。进入安全区的通行证仅限于那些在安全区有正当事务的人,比方说红十字会的工人、医生,即便是难民委员会的成员也需要有通行证。① 这些通行证由市长俞鸿钧签发,证明个人身份,可作为登记安全区难民个人信息的根据。说来不可思议,安全区的分离,使这一地区成为一座"孤岛",它紧挨着另一座"孤岛"法租界,它也像那些享有特权的外国租界一样,能够提供珍贵的安全保障。

饶家驹给日本政府的报告一直都非常克制,而且和以往一样给他们留下深刻印象,他还要去应对危局中最为重要的一方——日本军队。在南市安全区开放后不久,国际委员会立刻面临危机。仅仅 3 天后,即 11 月 11 日,战斗在南市地面上铺开,立刻威胁到安全区的安全。在与国际委员会就安全区的未来谈判之际,松井石根将军指挥日本军队向南市发起了猛烈进攻。日军密集的空中轰炸和炮火让安全区周围的地区遭受了巨大的生命和财产损失。上海老城厢全是老式的木结构房子,在狭窄的街道上紧挨在一起。在南市和浦东,轰炸和袭击至少造成 30 起致命的大火。② 南市地区的一场大火,持续燃烧了 32 天,摧毁了无数住

---

① 一张由政府签发的红十字会的通行证,《饶家驹安全区的故事》,"附录"。
②《申报》1937 年 11 月 22 日;《大美晚报》1937 年 11 月 13 日。

房、学校、火车站和工厂,数以千计的难民连续数天缺吃少喝。[①]
晓明女学(St. Joseph's Convent)是由"安贫小姊妹会"开办的,
也在战火中被夷为平地。在混乱中,安全区内惊慌失措的难民们
簇拥在法租界的大门门口,希望能进去避难。大门只敞开了五分
钟,难民们便如一股巨潮般涌进了法租界。大门迅即被关上,把
更多的难民挡在了门外。租界里面的人同情难民的悲惨处境,他
们把水和食物从大门上方扔向在下面团团乱转的人群,难民用大
篮子和倒过来的雨伞接住大部分食物和水。因为正刮南风,安全
区外的一场大火威胁着安全区,大有将其吞噬之势。[②] 安全区内
一些木结构的房子已经着火。但幸运的是,由于火焰还小,火势
很快熄灭或被控制住了。每个人都在问,现在还有谁能将难民从

在法租界关闭的大门口挤在一起的难民。照片出处:《饶家驹安全区的故
事》(上海,1939)。

---

① 贺圣遂等:《沦陷痛史》,第 296—299 页。
② 徐迟:《起床的上海》。

日本人的进攻中拯救出来？[①]

　　靠近徐家汇西部和圣约翰大学的日本炮兵连，从兆丰公园（今中山公园）发射榴弹炮，炮弹划过公共租界、法租界和饶家驹安全区的上空，行程四英里，射向目标。位于安全区南部、属于华界部分的南市，成为新的主要战场，这让与之毗邻的安全区内的难民再次感到不安，尽管无论是炮击还是频繁猛烈的空中轰炸，日军都没有让安全区受到严重的破坏和发生大量的人员伤亡。在整个日军进攻期间，饶家驹自始至终待在安全区里，在他设在天主教堂的办公室里关注着事态的发展。显然，他面临的一个巨大的挑战就是劝说日军尊重安全区。在向日军恳求时，饶家驹反复强调必须有当地外国人和中国人的支持，才能在与日俱增的难民中维持秩序。然后，他说，在上海这个严重西化而媒体早熟的城市里，日军任何一个新的极端行为都会伴随着有害的媒体报道。

　　在南市的中国军队约有 5000 人，缺乏装备，无法抵抗日军，他们试图进入法租界避开日军的进攻。法租界当局同意在他们放下武器以后进入租界。中国士兵进入租界后，法租界当局立即收缴了他们的武器，并把他们暂时扣押起来，直到关押他们的营房建成为止。第二天，日本的"中支那派遣军"司令陆军大将松井石根占领了除饶家驹安全区以外的整个南市地区。他告诉外国媒体说，作为上海的"真正主人"，他感到可以根据军事需要自由地在租界和华界采取"任何措施"。[②] 早在 11 月 1 日，他就断言十天之内上海将不会有中国士兵存在，届时上海将被团团包围，

---

① 《大公报》1937 年 11 月 13 日。
② 对松井石根将军的采访，《密勒氏评论报》1938 年 8 月 13 日，第 364 页。

与南京的一切通讯联系将被切断。①

　　松井石根把日本驻华大使川越茂（Kawagoe）和日本海军司令海军大将长谷川清召集到军事司令部开会，讨论上海的局势。讨论中提出的四个议题中有两个产生分歧。松井打算让日军占领公共租界里的中国银行、海关和电报局，目的在于削弱它们的经济影响，破坏中国的经济。而且，他提议要改变英国的防卫区域，这样苏州河左岸就会转归日军控制，日本军队在河上的军事供应将进行得更顺利也更安全。日本大使和海军大将都表示反对，他们担心英国的反应以及对日本的国际关系可能产生的负面影响。松井形容这两个人的反应是"态度消极"，指责二人无心去摧毁上海的金融和市政基础从而迫使南京国民政府投降。他抱怨说："他们只会谈论国际关系。"②

　　日本方面的报告称，在南市为时三天的激烈冲突期间，中国的行政机构尤其是警察逃离饶家驹安全区。即使是饶家驹神父本人也处在严重的危险之中。一次，他在去处理安全区用水问题的途中，陪伴他的两名捕房巡捕被枪杀。瞄准他的子弹将他的长袍打穿了一个洞。同时，九辆满载警察的汽车离开安全区，最后一辆离开是在 11 月 13 日。③

　　安全区内缺乏安全，难民委员会只得和日本军方共同举行紧急会议，审视新的安全形势。会议的结果是，日军派少量宪兵来

---

① 法文《上海日报》1937 年 11 月 2 日。
② 松井石根：《松井石根将军战地日记》，日期是 1937 年 11 月 12 日，第 116—117 页。日本驻华大使馆发言人在 11 月 21 日发布的公告表明，日军还曾有意对法租界的中国机构采取同样的行动，包括中国的法院。《密勒氏评论报》1938 年 1 月 1 日，第 181 页。
③ 《申报》1937 年 11 月 14 日，15 日。

监管安全区的安全。① 他们得到命令每日在安全区巡逻两次。当宪兵巡逻时,难民就躲进他们的住处。无疑,让日本人来进行警戒是一剂难以吞咽的苦药,但治安情势也是不得不考虑的。

法国人肯定也认为控制住南市的局势非常符合他们的利益。对上海大部分居民都必不可少的法国自来水厂以及接收来自国外救援物资的法租界外滩码头,都面临着被摧毁的危险。因为法国控制区或势力范围内的抗日活动,日本向法国官员施加了强大的压力。有新闻报道说,松井石根将军称他对租界已有远景计划,对这一报道,他不愿再多说,但他表明,不占领租界并不意味着对发生在两个租界之内的事情可以听其自然。按照他的指示,原田贺津雄(K. Harada)少将通知法国领事和工部局总秘书,必须在租界镇压各种形式的抗日活动,直到让日军完全满意为止。否则,采取必要的军事行动就是不可避免的了。②

在同法国海军总司令儒勒·比戈(Jules Le Bigot)中将和法国总领事博德思(M. Baudez)会晤时,松井石根听到二人称赞他为饶家驹安全区的保护人,而安全区在某种程度上缓解了难民大危机。轮到松井发言时,他要求法国人的合作,允许日本军队在法租界靠近黄浦江大堤的地区通行,以便让虹口的日军和在南市参战的军队保持更好的联系。毕竟,公共租界当局已经允许日军穿过租界地区举行胜利游行。松井还要求法租界当局终止租界内中国银行的金融业务,这些银行因为位于租界内而得到保护。法国人答复说,允许全副武装的军事人员在法租界来往无论是于法国利益还是于现行的条约规定都是很难被接受的。至于银行,

① JFMA, S1.1.1.0 - 27; JMFA, *Shitsumu hōkoku*, 1937,第 212—216 页。
② 松井石根:《松井石根将军战地日记》,日期是 1937 年 11 月 12 日,第 124—125 页。

它们都是私人的，不在法方的管辖范围之内。松井反驳说，在这种情况下，日本就不得不考虑对南市的法国军队采取行动了。后来在当天的日记中，松井石根写道："通过这种方式我向他们发出威胁。"①法国军队随即在徐家汇和设有一座大型难民营的交通大学进入防御位置。② 徐家汇安全区，在美国耶稣会神父詹姆斯·科尔尼（James Kearney）的领导下，收容了11000多名难民。徐汇公学（St. Ignatius College）为4000名难民提供住所。对法国人来说，幸运的是，松井石根的注意力很快就转向了南京战役。

一卡车难民进入饶家驹安全区。照片由法国魁北克城的耶稣会士档案馆提供。

---

① 松井石根：《松井石根将军战地日记》，1937年11月26日；关于法国人对这次会议的描述，参见法国外交部档案，档案号：Shanghai, ser. C, box 86, compterendu, 1937年11月26日，第1—3页。英国允许日本人在公共租界举行胜利游行，激起中国人的强烈愤怒和不满。法租界当局拒绝允许日军的游行队伍进入法租界。
② 法国人采用设立安全区的办法保卫徐家汇，虽然没有协议，但实施上却行之有效。1940年6月，法国才将这个安全区移交给日本人，称"已经达到目的，现在可以恢复常态了"。《东方事件》（1940年7—12月），第14；4页；《大陆报》1937年11月7日。

到 11 月底,饶家驹安全区为 25 万名难民提供了住所,大多数难民是从南市其他地方蜂拥而来的。① 据估计至少有 10 万名难民是贫民。除了饥饿和缺少住处之外,到了晚上,安全区外的一些地方仍在交战,难民能够清楚地看见和听见附近地区正在燃烧的大火。为了缓解难民们的紧张情绪并让他们振作精神,难民委员会的成员坚持每天去安全区探望一次。由于早就预料到日本会进攻华界地区,饶家驹安全区的原住民大多数已经迁走。像从闸北和虹口逃离出去的难民一样,很多南市的人逃到公共租界或法租界避难。后来的一波波难民住进了他们放弃的房子,房子的每一个角落都住满了人,一个 9 平方英尺的房间要住 8—10 个人。学校的校舍和同业公会的会所也变成了难民的住所。难民每天通常的饭食包括面包和大饼,一天两顿。难民委员会对大多数贫民生活的环境描述如下:"在一片杂乱拥挤而又阴暗的房屋里,他们挤在狭小的房间内,一家人住在一起,除了地上的被褥其他东西一无所有。每个房间里通常还住着一个病人,有时是两个;房间已经好几个月没有换过空气了。"②

暴力还在继续

在安全区内,也并不是一切都进展得很顺利。这种相对安全的局面维持到 12 月 4 日。这天,日军闯进安全区,借口是一名士兵在安全区与南市占领区安全线之间的界路上遭到枪击。针对

---

① 《字林西报》1937 年 11 月 18 日,20 日。最近 2005 年 6 月 18 日《新民晚报》的一篇报道,在谈论饶家驹领导的安全区及其创建时,提到难民的数字是 20 万人。安全区内的人数后来超过 30 万人。
② 《饶家驹安全区的故事》,第 11 页。

这一事件,日本要求扩大围绕着饶家驹安全区的安全线,并开始在安全区内挨家挨户搜查狙击手。同时,日方发言人对安全区继续存在的理由提出质疑,他说,日本军队为了准备向南京行进,大多数战斗已经向西移动。① 既然上海的战斗已经平息,那么安全区存在的目的又是什么呢?

12月16日,在日军挨家挨户搜查之际,一颗手榴弹扔向一名日本士兵。幸运的是,这是颗哑弹,接下来一名中国狙击手袭击并打伤了一名日本哨兵。这一次,日本人将其占领区的周边安全线扩进安全区,并驱逐了安全区的治安人员。②

饶家驹立即提议与日军中校冈喜郎(Oka Yoshiro)进行谈判。从会晤结束后他发表的声明看,他居然和这位日本军官达成某种和解,在声明中他甚至否认曾发生过枪击事件。饶家驹还指出,安全区仍由难民委员会管辖,日本军队"继续遵守它们作为达成安全区协议的一方的立场"。③

12月16日,饶家驹继续就安全区未来的地位同日方进行了长时间的谈判。他向他们解释安全区内各个委员会的补救工作,详细讲述了他在满足众多难民需要方面的最新进展,强调说他有能力让难民秩序井然、情绪安定、有吃有住。谈判结束后,他强调说他"希望"尽管日本军队出现在安全区,但安全区的地位不能动摇,难民委员会要继续行使其基本职能。④ 12月19日,一项通告宣布饶家驹已与日本当局达成一项全面协议,根据协议,安全区

①《字林西报》1937年12月12日。
② JFMA, S1.1.1.027.
③《密勒氏评论报》1937年12月18日,第67页;《字林西报》1937年12月13日;《申报》1937年12月13日,14日。
④《字林西报》1937年12月17日。

继续由难民委员会管理,"日本在治安方面给予全面合作并协助进行管理"①。一名日本发言人称赞饶家驹"一直是冒着生命危险,监督执行委员会与日本当局达成的协议"②。他没有说出的是这样一个事实,即:在日军离开上海以前,日方已经单独建立了一支新警察部队来接管安全区的治安。③

饶家驹在恶劣的局势下仍充满乐观精神。这一点在美国驻华大使詹森(Nelson T. Jonson)给美国国务院远东部部长斯坦利·霍恩贝克(Stanley Hombeck)的电文中有所披露。詹森报告说,饶家驹到上海西南部的松江镇进行了一次短暂的旅行,一路上他几乎看不到一个活着的中国人,他注意到人们迫切需要的稻谷由于无人照管已经烂在地里。而且,饶家驹告诉他日军已经进入安全区抓捕难民,其中包括妇女。④ 关于此,饶家驹在他的公开声明中给出了另一种解释,他只提到"日本军队昨天看管了一批难民,把他们带到了南市南部,可能是去做劳工"⑤。简言之,饶家驹面对的是一连串的非常棘手的局面,其中一些需要他作出很不舒服的妥协乃至牺牲,但他为安全区的难民提供可靠的安全这一使命却从未改变过。

12月22日,大约100名由日本主持的"大道市政府"警察局派来的警察小分队进入安全区负责维持治安。⑥ 由于日本周边

---

①《字林西报》1937年12月19日。

②《大美晚报》1937年12月13日。

③ 泛太平洋通讯社,1938年5月25日,B卷(sheet B)。

④ 詹森档案,美国国会图书馆藏,电报日期是1937年12月6日。

⑤《字林西报》1937年12月13日。

⑥ "大道市政府",是日本的傀儡政府和上海的地方行政机构,它成立于1937年12月。1938年4月改为"督办上海市政公署",隶属于1938年3月28日在南京成立的伪"中华民国维新政府"。1939年10月,"督办上海市政公署"改组为伪"上海特别市政府",新任市长是傅筱庵。《上海工部局年报》(1938年),"1939年预算",第117页。

饶家驹神父被称为"大好人"。照片出处：
《饶家驹安全区的故事》(上海，1939)。

安全线的扩展，难民再次感到恐慌。这些恐慌只能靠难民委员会不懈的关怀而逐渐消退，难民委员会为当时安全区 30 万名难民提供着各种各样的帮助。① 有的材料说难民的数量高达 36 万人，安全区的面积仅是整个南市面积的 1/3。② 在不断蔓延的恐惧和焦虑中，俞市长的话表达出了当时上海大多数中国人的共同看法："在上海，我们剩下的只有南市了，但是，即使我们失掉南市，我们还有我们的人民和他们永不停息的抵抗精神。"③

对难民区的援助资金来自各种渠道。俞市长代表中国政府给了饶家驹 5 万元，支持他的难民工作。④ 日军的领导人也参与募捐，当然是有他们自己的目的。在表达了日本人对饶家驹和难民委员会在安全区内所取得的秩序和高水准的组织工作的感谢之后，日本驻军司令松井石根交给难民委员会 1 万日元。⑤ 11 月 16 日，饶家驹登上了日本"出云"号旗舰，会见舰队司令长谷川

---

① 《字林西报》1937 年 12 月 12 日；《朝日新闻》1937 年 11 月 17 日。
② 冯毅(音)：《地方精英与地区团结》，第 79 页；泛太平洋通讯社，1938 年 5 月 25 日。
③ 《密勒氏评论报》1937 年 12 月 4 日，第 10 页。
④ 《东方事件》1937 年 12 月 12 日，第 341 页。
⑤ "饶家驹安全区"，《对华关系》(Relations de Chine)，1938 年 4 月，第 341 页；《朝日新闻》1937 年 11 月 15 日。

清，表达了他对日本协助建立安全区的感激之情，而这位日本海军将领也称赞了饶家驹的"善举"，并捐出 1 万日元来支持他继续难民救助工作。①

赞誉

对饶家驹和他的难民工作的赞扬来自各个方面。日本外相广田弘毅向饶家驹表示祝贺，他说：

> 感谢您完全不顾自身面临的最大危险，在中日当局之间所进行的勇敢无畏的斡旋。在我军驱逐中国军队之际，您在南市建立起一座难民区，从而让大约 10 万名和平无辜的中国居民免遭厄运。我特别想向您转达大和民族对您秉持着彻底的服务精神和牺牲精神所完成的人道主义工作的钦佩和敬重之情。我真诚地祝福您身体健康，并希望您继续进行造福世人的行动。恳请您接受我对您最高的敬意。②

之后不久，日本军队在上海的机构——《大陆新报》报社颁给饶家驹它的第一个年度奖，以表彰他的人道主义工作，同时给他 1000 日元的奖金。奖励还包括一个银质牌匾，上面印着两位女性，她们象征着"中日友谊"。

蒋介石主席通过下面的话表达了他对饶神父的钦佩和称赞："我们的同胞……既无容身之处也无糊口之粮……他们饥寒交迫濒临死亡……他们能活下来，要归功于您这位好人的乐善好施和

---

① 《朝日新闻》1937 年 11 月 17 日。参见卜正民《协作：战时中国的日本间谍与地方精英》，第 150 页。
② 《北华捷报》1938 年 1 月 15 日。

不断的极为有用的努力……他们的人数已经超过 20 万。"①后来,饶家驹收到中国政府颁发给他的玉质勋章,以表彰他为中国大众所作出的服务和人道主义工作。

对于饶家驹同日本人之间漫长而又艰苦的谈判,法国海军总司令比戈中将称赞他说:"饶家驹神父发现了一个基本准则,它不仅在上海是有用的,而且对南京对整个世界都是有用的。在他的'协约'中,没有输家,没有对手,没有旁观者,中国和日本,租界和人类赢得全部,各方都是赢家。"②法国驻华大使那齐雅在一封给饶家驹的信中说:

> 那些一直以来鼓舞着您去努力的人,目睹您凭着坚定的耐心和顽强的斗志与可怕的战争展开搏斗,饶家驹安全区由此得以形成。由于您的努力,十万多条无辜的生命在法租界的边境地区得救了……作为一名基督徒,一名神甫,一名法国人,您让人钦佩的安全区计划是十分值得称赞的。③

在那齐雅大使的大力推动下,饶家驹因为他在上海的工作得到了法国"荣誉军团骑士勋章"(Croix de Chevalier de la Légion),大使说,饶家驹完成的是一项"极为卓著的工作或行动,为法国增光添彩"④。

最后,一些最真诚的称赞则来自上海当地的英美驻军司令,无疑,他们都非常乐意接受任何措施,只要这些措施能让他们守

---

① 日本外相广田弘毅致饶家驹的信,1938 年 3 月 9 日,译文,原文见《饶家驹安全区的故事》。
②《字林西报》1937 年 11 月 27 日。饶家驹经常与比戈中将交换看法,向他通报其他外交官的观点。法文《上海日报》1937 年 11 月 18 日。
③ 那齐雅大使致饶家驹的信,1938 年 4 月 30 日,译文,原文见《饶家驹安全区的故事》。
④《北华捷报》1939 年 2 月 8 日。

卫下的上海更加稳定。来自美国旗舰"奥古斯塔"(Augusta)号
的海军上将颜尔露(H. E. Yarnell)谈及饶神父时说："一个 20
万多人有吃有住的中立区在您的指导下建立起来,您的这一成就
将被后人看作是最伟大的救济工作的案例之一而被载入史
册。"①英国驻军司令陆军少将特尔弗-斯莫利特(A. D. Telfer-
Smollett)在写给饶家驹神父的信中说:

> 在 10 月,当我在南市的饶家驹安全区参观时⋯⋯我看
> 到数以千计的难民⋯⋯在您的指导下正得到照料。您出色
> 的工作给我留下深刻的印象。您向全世界展示了在战时,安
> 全区对非军事人员的意义。我相信,您树立的优秀榜样将被
> 后人所效仿。②

为庆祝饶家驹的成就,还特地举办了一些社会活动。那齐雅
大使在 1 月 29 日为饶家驹举办了一次午宴,邀请了 18 位客人,
其中包括法国总领事博德思、陆军上校皮尔捷(Peretier)、法国公
学校长高博爱(M. Grosbois)、军校校长法布尔(Fabre)。另一场
午宴由美国大使詹森做东,地点是法国总会,客人有 50 位。饶家
驹和他的救济委员会的成员都是受邀的贵宾。中国红十字会主
席颜惠庆也是嘉宾。在饶家驹的宴会演讲中,他很有风度地赞扬
了"法租界当局"在南市安全区维持秩序的功劳。③

无疑,在他作为教区牧师、教授和宗教顾问的漫长生涯中,他
已在外国侨民中形成极佳的人脉。完全可以说,各方都信任他是

---

① 美国海军上将颜尔露致饶家驹的信,1938 年 4 月 9 日,参见《饶家驹安全区的
　故事》。
② 英国陆军少将特尔弗-斯莫利特致饶家驹的信,1938 年 4 月 19 日,参见《饶家驹安
　全区的故事》;《北华捷报》1938 年 1 月 15 日。
③《北华捷报》1938 年 3 月 30 日。

中立的，没有任何政治图谋。他早年就多次参与人道主义救援，事迹已为人们所熟知，这也是后来各方放手让他处理各种危机的信任基础。在华人社区，他曾经救济水灾难民和营救被围困的修女，都让他颇具名望，并让人们相信在1937年的危难时刻他也能承担重任。无疑，他的语言才能对他在危机中进行的谈判至关重要，他能够充分理解讨论的背景和内容，懂得哪些话应该说，哪些话需要瞒。

有一个问题是回避不了的，即饶家驹神父会不会被看作是与上海的日本当局勾结的"法奸"。当然，他在上海服务期间，法国与日本并没有交战，因此，"法奸"（collaborator）这个词用在这里并不合适。中日双方都很看重饶家驹的外国侨民身份。日本当局需要找一个人能帮助他们有效地处理大量流离失所的平民，饶家驹在华为难民服务的履历使他尤为适合这个角色。就中国当局而言，对饶家驹带来的协议只有感激，因为这个协议改变了无数难民的命运，同时又没有让中国当局与他们所痛恨的日本人直接订约。饶家驹的首要责任是保护难民，为了这个目标他不止一次地迁就日本人的要求。作为一个实用主义者，他认为舍此就没有其他办法来完成自己的职责。①

饶家驹安全区在上海一出现，就成为战时保护平民的安全区的一个范例。饶家驹雄心勃勃的计划并没有停留在上海一地。他深信他的安全区概念有需求有用处，决定把他组织难民的经验推行到能够得到官方认可的所有地方。他再三发誓要在中国所

---

① 关于通敌势力的讨论，参见卜正民《协作：战时中国的日本间谍与地方精英》，特别是第1章。在他的书的第6章，在涉及到上海时，卜正民没有提到饶家驹安全区，后者为南京国际安全区提供了范例。

有城市设立安全区,"只要那里遭到日本侵略"①。这一点我们已
看到,当时的西班牙也在进行类似的努力。② 饶家驹建议说,他
的安全区是一个有用的实例,他说:"鄙人深知此种办法乃属创
见,且望如欧洲等处,亦能仿行,为益匪浅,谅不河汉余言焉。"③
在下一章,我们将会看到饶家驹安全区模式确实在中国其他地方
被仿照,尽管不一定获得了成功。

①《上海文史资料选辑》第 51 辑,1985,第 174 页。
② 1937 年 11 月 7 日的《字林西报》报道了有关制订一项不干涉计划的种种努力。
③ "战争中的中国",《密勒氏评论报》1937 年 12 月,第 8 页。此处译文系根据《申报》
　　1937 年 11 月 7 日的相关报道译出。——译者

第五章　仿效饶家驹安全区

这还不是战争，而仅仅是一个事件，外国都中了日本的魔法了。

　　　　　　　　　　　——蒋介石夫人（宋美龄）

　　饶家驹神父在上海成功建立安全区的消息很快就传到其他地方——似乎只比日本军队提前了一步。南京是下一个尝试实践饶家驹的安全区概念的城市，紧接着是汉口。杭州、漳州、深圳、吴江，以及广州也进行了探索。这些地方的情况各不相同，所以对怎样建立一个安全区理解的程度也不一样。尽管这样那样的因素导致结果不同，但毫无疑问，饶家驹安全区概念指导下的行动，结果是挽救了很多人的生命，无数的人得到了某种程度的保护和救助。本章将试图叙述这些城市的安全区。由于材料缺乏，加上研究的范围广，需要充分阐明一些主要的特征，因此不可能对每一个地方的叙述都一样详尽。相反，本章的目的是要拓宽和加深对饶家驹神父在上海以外的地方保护难民所作出的独特贡献的理解。

未获批准的南京安全区

　　南京在 1937 年是中国的首都，它一直被大量地报道和研究，被称为"南京大屠杀"的事件尤为引人关注。书籍、文章、小册子、当事人的回忆录、战后中国和日本审判战犯的记录、研讨会、会议论文集、电影、甚至博物馆，都试图阐明这场恐怖事件的本质、根本原因和意义。[①]　日军以进攻上海为开端，这场不宣而战的战争进入了一个新阶段，即使南京不是唯一的主要目标，也是主要目标之一。从 1937 年 8 月 15 日始至 10 月 15 日止，南京遭受了 65 天的空袭；12 月，更多的空袭随之而来。[②]　早在 7 月初，在一个坠机而亡的日本飞行员的夹克里，人们发现了一幅标有日军在南京进行战略轰炸地点的地图，这让一些人相信，南京一直是日本进攻的主要目标。让人们更加疑惧交加的是，《朝日新闻》的新闻片显示日军已在杭州湾登陆。这些军队在松井石根的指挥下，叫喊着"打到南京去"，尽管其主要任务和目标是攻占上海。[③]　美国驻华大使詹森在从南京发给华盛顿的报告中说，他认为，日本相信一旦攻陷中国的首都，日军就能迫使中国政府接受他们提出的停战条件。[④]

随着上海战事不利，同时轰炸日益猛烈，中国富人携带家眷和贵重物品离开南京前往汉口。很快，中产阶级专业人士也加入了他们的行列，南京城里只剩下了没有防卫能力的贫民和中国军

---

① 关于南京大屠杀一些重要的文献有：约翰·拉贝：《南京好人：拉贝日记》；山本雅弘：《南京暴行剖析》；胡华玲：《南京大屠杀中的美国活菩萨：舍命保护妇女的魏特琳》；张纯如：《南京浩劫：二战中被遗忘的大屠杀》；卜正民主编：《南京大屠杀史料》；徐淑希：《南京安全区档案》；詹姆斯：《南京大屠杀》；傅佛果主编：《历史上与历史学中的南京大屠杀》；李飞飞等：《南京 1937 年：记忆与复原》；孙宅巍：《南京大屠杀》。由南京的学者组成的团队最近出版了一套 28 卷的南京大屠杀史料。
② "来自南京的消息"，《东方事件》1937 年 12 月，第 270 页。
③《朝日新闻》新闻片，第 204 号。
④ 詹森档案，档案号：box34，"Reporting of Recent Events in China"（最近在中国发生的事件的报道），第 17 页。

队。约翰·拉贝是德国西门子公司中国子公司驻南京的代表,他
选择留下来,是要为中国居民尤其是他所信赖的西门子员工服
务。那年他 55 岁,已经在中国工作了 29 年,这意味着中国已经
是他真正的家。作为一名国际商人,除了母语德语外,他的英语
和法语也很流利。他不懂中文,就像大多数传说中的"老中国通"
一样,他操着洋泾浜英语同中国人交谈。人们说他是一个纯朴可
爱的人,做事注重实际,对政治兴趣不大。在中国的纳粹党员中,
他是仅次于德国驻华使馆参赞劳腾施拉格尔(Lautenschlager)的
二号人物,除了后来证明对威慑日本士兵很有用外,他很谦逊地
对待他在纳粹党中的地位。据说有一次拉贝看见一个日本士兵
正要强奸一名中国妇女,他操着德语向他大声怒吼,在他脸前挥
舞着卍字臂章,把他扔出了门外。[1] 他最后一次短期回国是在
1930 年,而在中国他几乎没有机会了解在德国发生的事情,所以
他对德国的巨变几乎一无所知。他对日本人的态度和看法据说
是相当负面的,这使得他的方法明显不同于饶家驹,尽管后者对
政治完全不感兴趣,但只要对难民工作有利,他总是乐于友善地
与日本人合作。但是,拉贝似乎与饶家驹相比又有很多相同的品
性,如与人为善,很有幽默感,仁慈和勇敢无畏。

　　拉贝遗留下来的一部日记记录了很多他在南京的经历,这部
日记已经成为有关事件的珍贵的第一手资料。拉贝 1937 年 11
月 17 日的日记,记录了他观察到的中国政府动用一切可能得到
的交通工具撤离南京。[2] 三天后,中国政府正式宣布,它正迁往
重庆,由此留下的是一座没有完全行政组织的城市。[3] 另外,众

---

[1] 拉贝:《南京好人》,"Ⅳ"。
[2] 同上书,第 22 页。
[3] 美国国务院,与美国对外关系相关的文件:日本,1931—1941,第 2 卷,第 417 页。

多使领馆的大使和他们手下的工作人员也宣布迁往汉口。美国大使和他手下的一些工作人员以及要离开南京的美国公民,在11月23日乘坐美国扬子江舰队的旗舰"吕宋"(Luzon)号启程赴汉口。① 由于大多数外国侨民和中国的合法政府都离开了南京,留下来的,还能为中国人提供一点点救济和些许保护的,只有一个带有几分准政府色彩,被人们称作"南京国际安全区"的组织了。

当时上海饶家驹安全区已经建立并运转,这一消息也传到了南京。米尔斯(W. Plummer Mills)是在华美国长老会的会长,他听到的有关饶家驹和难民监督委员会的安全区工作给他留下了深刻印象,他向同事建议在南京建立一个类似的机构。② 11月19日,国际委员会成立,主要成员是传教士,还包括南京鼓楼医院的美国医生,南京大学的教授,以及当地知名的外国商界代表。③ 就在三天后的委员会会议上,拉贝当选为委员会的主席,他在当晚起草了一份给日本大使的电报,电报解释了委员会的成立及其宗旨。电报措辞极像饶家驹在上海写给日军的目的相似的函电,其中写道:

> 国际委员负责取得中国政府的特别保证:拟建的"安全区"内将撤除所有军事设施和机构,包括军事通信设施;安全区内除携带手枪的民警外,不准驻扎武装人员;禁止所有士

---

① 路透社9月20日的新闻报道说,中国人对美国决定撤离南京以及向包括中国在内的远东实行武器禁运十分愤慨。
② 对米尔斯的女儿阿格尼斯·米尔斯的采访,2005年4月。
③ 下面是国际委员会的官员和委员:约翰·拉贝,主席;美国传教士:刘易斯·斯迈斯博士是秘书,约翰·马吉牧师、贝茨博士、米尔斯牧师、特里默大夫、查尔斯·里格斯;美国商界人士:皮克林;英国商界人士:芒罗-福尔、希尔兹、艾夫·麦凯、利恩;丹麦商界人士:汉森。徐淑希:《南京安全区档案》,第3页。

> 兵和任何军官进入安全区。国际委员会将视察安全区,务必
> 使上述保证得到令人满意地执行。①

此外,国际委员会请求他们的导师饶家驹联系日本大使,要求对
方准许建立南京安全区,希望饶家驹的影响力在争取日方支持上
有决定性的作用。②

委员会接着画出拟建安全区的范围:位于南京西部,南京大
学、金陵女子文理学院、美国大使馆、拉贝的家、德国大使馆、南京
国际俱乐部以及日本大使馆都在此区之内。它占地约 2 平方英
里,是南京总面积的 12.5%,具体的分界线如下:东面以中山路
为界,西面以西康路为界,南面和东南面以汉中路为界。就像上
海的饶家驹安全区一样,在分界线实地使用红十字会会旗做
标志。

尽管电文很正式,但是与饶家驹写给日本当局的电报相比,
拉贝的电报语气显得不是很友好。电报的结尾他强烈请求"迅予
答复"。当然,拉贝和其他人与日本当局没有交情,与上海的日本
大使也并不相熟。随着时间的拖延,拉贝对他与日本人的联络越
来越灰心丧气,在与日本官员的交往中,他经常很不耐烦地言辞
尖刻。

日本当局 11 月 24 日答复说,他们认为提议的南京安全区完
全不同于上海安全区。③ 首先,南京是中国的首都,因此南京也
是日本军事计划的中心。就南京当地而言,尽管他们仍在研究这
个提议,但安全区包括钟山在内,山上架着中国的高射炮。他们

---

① 拉贝:《南京好人》,第 28 页。所有委员会的委员都在电报上签了名字。
②《申报》1937 年 12 月 4 日。
③《读卖新闻》(*Yomiuri shimbun*)1937 年 11 月 25 日。

还指控安全区的分界线之一中山路,有可能成为中国军队的通道,这是日方所无法容忍的。最让日本人反对的是,安全区的存在只会阻碍日本对南京的进攻。事实上,这等于否定了建立安全区的计划。毫不奇怪,中国当局对南京国际安全区委员会是非常支持的。

为了能赢得更多的支持,拉贝采取了不同寻常的一步,他发了一封私人电报给阿道夫·希特勒,电报通过德国驻上海领事馆转送,里面请求元首向日本政府说情,准允在南京建立一个保护平民的中立区。这一多少有点天真的请求没有得到柏林方面的回复,焦急之下,拉贝在11月28日发了第二封电报给东京的日本政府,期待能得到积极的回复。最后,日方电报发给饶家驹,由他通知拉贝和南京国际安全区委员会,"日本政府已获悉你们建立安全区的申请,却不得不遗憾地对此予以否决"①。日方还说,如果在军事上是无可非议的,他们会尊重这个地区。拉贝非常失望地答复说他会继续等待日本政府给他和南京国际安全区委员会一个正式答复。

饶家驹与当地的各方势力,无论是日本还是租界,无论是军队还是政府,都有密切的长期交往。但拉贝缺乏这样的关系,他毕竟是个商人,他的主要职业是西门子公司在中国的代表。当他为了委员会和难民的事务进行联络时,他不得不走迂回路线,经常把美国大使馆的官员拉上。美国大使馆设在停泊在长江上的美国军舰"帕奈"(Panay)号上,在危机的大部分时间里,美使馆官员都是通过军用无线电对东京或上海的日本官员提出质询。邮

---

① 《大陆报》1937年12月4日;一篇关于饶家驹安全区的中文报道提到他是怎样帮助约翰·拉贝建立南京安全区的。参见"民主与法制时报"(2006年2月5日),www.sina.com.cn(访问时间:2007年10月4日)。

件的快慢取决于下一艘炮艇开往上海的时间,而官方通报经常是
通过外国媒体的报道才能见到。南京社区完全不同于大都会城
市上海。

另一方面,饶家驹与中国、法国、美国、英国和日本的官员,无
论是民政、外交还是军方的,都保持着频繁的个人联系,在他处理
难民和救援危机时,这一点对他很有帮助。前面已经说过,身为
神职人员而不是政府官员,在这个敏感时期增加了他在谈判中的
公信力。日本人把他看作是"仁慈的第三方",而不是敌对的"第
三方"的代表。① 而上海还有一个庞大的外国新闻媒体,不断地
报道战争进展,加上两大租界,他们首要任务就是保护所住居民
的生命和财产,这些无疑大大提高了饶家驹成功的可能性。但
是,饶家驹安全区是在"享有治外法权的租界"之外,它的三面都
是在日军侵略中被战火完全摧毁的华界南市。如果说,饶家驹保
护中国难民社区的工作不算是一个真正的挑战,这样说是不公平
的,也是不准确的。

日本当局非常乐意向南京国际委员会重复他们在上海曾经
说过的话:只要提议的安全区不藏匿中国军队、武器和军事设施,
它就不会遭到袭击。只要它不影响日本的军事行动,日军就会尊
重这块指定的区域。② 日军分三路向南京挺进,5 万名中国士兵
发誓保卫首都死战到"最后一人"。在国际委员会看来这实际上
非常不现实。蒋介石命令将领们"不惜任何代价固守南京"③。

① 《字林西报》1937 年 11 月 4 日。
② 美国总领事高思给美国国务院的信,参见美国国务院,美国对外关系:外交文件,
1940 年,卷 4,"远东",第 757—758 页;北京法国领事馆给东京法国大使的信,藏于
南特法国外交部档案馆,法国驻北京领事馆归国档案,档案号:ser. A-81,#72。
③ 山本雅弘,《南京暴行剖析》,第 45 页。有关淞沪会战和进攻南京的序幕的论述,见
该书第 2 章。

12月1日，南京市市长马超俊把安全区的管理权移交给国际委员会，并派出450名中国警察维持治安，同时给了安全区2000吨大米、1万袋面粉和一大笔钱。[1] 20多个难民营相继建立后，越来越多的难民涌入安全区，难民营最后收容了20多万名难民。国际委员会请求中国军队从安全区撤除所有的军事人员和防御工事，包括在安全区西南部挖好的三处战壕，中国军队照办了。[2] 此外，国际委员会与新成立的"国际红十字会南京分会"密切合作，南京分会有7名成员在国际委员会内任职。

南京的局势继续在恶化。12月1日上午，美国大使馆工作人员举行会议，向仍留在南京的美国公民提出疏散计划。拉贝受邀和美国人一起离开，但他和国际委员会的其他成员一样，选择留在南京。他的一位德国同事指出，拉贝并不是出于生意上的原因而留在南京的，他是要为20万非战斗人员在南京建立一个避难区，类似"饶神父"在上海创建的安全区。[3] 大批外国人撤离后，外侨中只剩下了27人，其中有18名美国人、5名德国人、1名英国人、1名奥地利人、2名（白）俄罗斯人。比较起来，同期上海公共租界有外侨33410人，法租界有10377人。[4] 南京城里外国人如此之少，也是日军对南京发动猛烈进攻的一个理由。

拉贝的德国朋友怀疑南京国际安全区的可行性，在他看来，它无权阻止中国或日本士兵进入安全区。他的质疑证明是有道理的。12月初，南京卫戍司令唐生智下令，在整个南京城墙外围放火，廓清阵地。尽管这能给中国军队暂时带来一定的优势，但

---

[1] 田伯烈编：《外人目睹中之日军暴行》，第24页。

[2]《申报》1937年12月5日。

[3] Wolf Schenke谈拉贝：《南京好人》，第30页。

[4] "上海公共租界"，詹森档案，box60。

同时也意味着当日军到达时,他们必须冲进城内,否则无处容身。而日军向南京推进得如此之快(一天 11 公里),以致补给线跟不上,这意味着当他们到达南京时,他们要在城内搜寻食物、水等生活必需品。南京城内既无政府又无具备实际作战能力的中国军队,正好又坐落在一个很多人认为战略上无法防守的长江江湾处,仅仅这些因素足以造成危局,并对已经凶险的情势火上浇油。

12 月 7 日,蒋介石主席及其夫人乘坐飞机离开南京去南昌,把保卫首都的重任托付给唐生智将军。德国驻华大使陶德曼博士答应做蒋介石与日军之间的调停人,尽管他对日军是否愿意谈判不抱乐观态度。日军认为南京的地形和中国人构建的防御工事已经把这座城市变成了一座巨大的军事要塞。他们声称在这样的一个地区存在一个安全区在措辞上是自相矛盾的。在日本驻上海总领事冈本季正要求所有外国人撤离南京之后,陶德曼警告那些进入南京安全区的人风险自负。① 第二天,美国大使馆将剩下的全部工作人员撤到美国军舰"帕奈"号上,在"帕奈"号上设立了临时办公室。②

12 月 9 日,在连续不断的空中轰炸、炮击和装甲部队的掩护下,日军开始对南京发动进攻。中国士兵遵照命令英勇顽强地抵抗日军。但是到傍晚,在经过一天血腥的战斗,战场的局势已是一目了然。第二天,日本飞机扔下数吨传单,通过传单松井石根向唐生智传话,要求中国军队在第二天中午以前必须投降,否则"南京不得不见证战争之恐怖以及随之而来的古老的文化遗迹的毁灭"。他强调会善意地对待遵守命令的无辜平民以及"所有对

---

① 《字林西报》1937 年 12 月 9 日。
② 胡华玲:《南京大屠杀中的美国活菩萨:舍命保护妇女的魏特琳》,第 73 页。

日本不怀敌意的士兵"。①

魏特琳(Minnie Vautrin)是一名美国传教士,她是金陵女子文理学院教育系的主任,她目睹了随后一系列试图扭转危机的事件。唐生智将军收到国际委员会的建议书,他们建议安排为期三天的停火,在此期间,日本人保持现有的阵地,而中国军队则从南京撤退。拉贝也把这一建议书呈递给"帕奈"号上的美国官员,请求他们与日本军队联系安排停火,并告知他们南京安全区的存在。同时,唐生智给汉口的蒋介石发送无线电报,请他批准停火协议,蒋介石坚持他"全力抵抗、绝不谈判"的政策,立即拒绝了停火提议。第二天,没有一个中国代表响应日本的要求前来投降,松井石根下令全力进攻南京。国际委员会的委员既震惊又焦虑,他们登上"帕奈"号,请求他们再次尝试与日军安排停火。第二天,"帕奈"号开走了,它往长江上游驶去,通过美国代表进行的联络就此中断。②

南京大屠杀

意识到南京城即将陷落,唐生智发电报给蒋介石,报告了岌岌可危的局势。当时南京城里既没有水也没有电,黑夜即将来临。蒋介石回电"可相机撤退"。接着,显然是进一步考虑了电报中提及的令人绝望的形势,蒋介石再发一电令唐组织撤退。唐再一次尝试实现停火。两名国际委员会的委员答应带着白旗去前线直接与日军进行谈判,但是已经太晚了。在召集各部队长官开

①《东方事件》,1938年1月,第30页。
② 胡华玲:《南京大屠杀中的美国活菩萨:舍命保护妇女的魏特琳》,第73—74页;拉贝:《南京好人》,第56页。

会下达了撤退的命令后，唐当晚逃离了南京。唐撤退的消息一旦传开，混乱和恐慌立即充斥了整座城市。下面这段文字描绘了当时的情景，它是一位目击者对事件的记述：

> 他们惊慌失措地逃向下关门外的长江码头。数英里的路上全是他们丢弃的装备——步枪、弹药、腰带，——路上的这一切都是军队的辎重。卡车和汽车堵塞了道路，有车子翻了着起了火；在城门口，更多的汽车被烧焦了——恐怖的大屠杀——死尸堆成数英尺高。城门阻塞，惊恐狂躁的士兵将衣裳撕成条状与皮带、绑腿系在一起做成绳索，爬上城墙，让身体顺着城墙墙壁向下滑。很多人坠落而死。但是，发生在长江上的一幕才是最骇人听闻的。一队舢板船停泊在那儿。对那时正发疯般地穿过南京北部的人群来说，舢板的数量完全不够。过度拥挤的舢板倾覆下沉，数千人被淹死。[1]

12月13日凌晨，日军在陆军中将朝香宫鸠彦亲王的指挥下进入南京城，朝香宫鸠彦是已故明治天皇的女婿，在位裕仁天皇的姑父。日军几乎没有遇到中国军队的抵抗，大多数士兵已经逃跑或混入平民和国际安全区。城内既无政府也无军队领导人能与之谈判，尽管当时日军是否愿意谈判也是令人怀疑的。日军仍清清楚楚地记得发生在上海的血战，是役夺去他们9115个战友的生命，还让31257人受伤。[2] 后勤供应计划不周，日军一路没有得到水和食物的补给，甚至接到命令要他们自己就地解决。这显然是说军队可以用劫掠来犒劳自己，他们确实没有了任何约束。成群结队四处游荡的日本士兵进入商店、住宅、房舍恣意地

---

① 田伯烈编：《外人目睹中之日军暴行》，第26—27页。
② 山本雅弘：《南京暴行剖析》，第89页。

抢劫,轮奸他们遇到的妇女,残忍地杀害进行抵抗的丈夫或儿子。他们经常强奸完妇女后又把她杀害,或是把她交给其他士兵进行轮奸。约翰·拉贝在审判战犯法庭上报告,在日本占领南京的第一个月里,至少发生了2万起强奸案。鉴于有的家庭对强奸案保持沉默,因此这个数字可能是很保守的。[1] 这些是他们充分了解并能提供细节的犯罪案。对战犯的审问记录揭示日军的暴行包括了令人发指的屠戮。对抗的最初动机很快因恣意的暴力而变得暧昧不清。一位听到和看到日军强奸儿童和无情屠杀平民的人,将他们比作残暴的匈奴国王阿提拉[2]和他的士兵(Attila and the Huns)。他特别提到,一名已经喝醉了的士兵由于得不到他要求的妇女和酒,开枪打死了3名老年妇女,还打伤了几个人。在几本书中能找到记录日军暴行的照片和身心受创的妇女的讲述,它们展示了人们怎样在野蛮的暴行前变得坚强起来和身心的奇特变化。[3] 由于日军将领未能约束已经疯狂的军队和防止暴行,南京事件成为一次凶残兽性的集体发作。

日军一占领南京,拉贝、国际委员会、国际红十字会的其他委员立刻面临一个问题,大量的中国士兵已经混入平民,包括混入国际安全区的难民中。他们丢掉武器,脱下军装换上老百姓的衣服,掩盖了军人身份。在随后的数天和数周内,许多士兵坚持要进入安全区寻求庇护。日本大使馆称,多达2万名身穿便装的中国士兵藏匿在南京,很多就在安全区内。[4] 12月14日,在写给日

---

[1] 国际委员会向日本当局报告了425起抢劫、盗窃、强奸和杀人案。徐淑希:《南京安全区档案》。

[2] 阿提拉(约406—453年),是公元5世纪侵入罗马的匈奴国王,因其血腥的征服而被称为"上帝之鞭"。——译者注

[3] 詹姆斯的《南京大屠杀:照片中不可否认的历史》对此作了生动的描述。

[4] 《字林西报》1937年12月20日。

本司令官的信中，拉贝天真地汇报说，一些陷入绝境的中国士兵请求进入安全区，他答应他们只要解除武装就能得到保护。① 当然，拉贝相信了松井石根早前所做的承诺，即只要不威胁到日军或蓄意抵抗，日军就不会惩罚中国军队。拉贝和他的委员会很快就明白了，在安全区，放下武器的士兵是得不到保护的，对其他的人，尤其是妇女，即使有所保护，也是极其有限的。日本士兵进入安全区搜查中国士兵。他们识别中国士兵的方法是把所有身体强壮的男人集合在一起进行检查。他们检查他们前额，查看是否有戴过钢盔的印记；检查肩膀，寻找因扛重的武器装备而留下的老茧；检查双手寻找使用枪支留下的老茧。不能通过检查的人被成群地绑在一起，运到城郊，在挖完沟后，他们被机关枪和刺刀成批地屠杀。② 美国《纽约时报》的记者是日军攻占南京的见证者，他后来估计中国军人伤亡人数为33000人，其中2万人是被日本人处死的。③

　　主要由于当地的不同条件，同样在上海南市陷入围困的中国军队就要幸运得多。如前所述，4000名未能随队撤退、被困在南市的中国士兵得以逃进法租界寻求庇护，他们在立即解除武装后被关押起来。对这一庇护，日本当局能做的至多是向法国警察和法国领事表示严重抗议。由于中国士兵能够进入法租界避难，饶家驹神父才能比较容易地维持严禁士兵进入安全区的政策。也就是说，他能够避免出现大规模屠杀中国士兵的场景，而这在南

---

① 徐淑希：《南京安全区档案》，第4—5页。
② 同乔治·菲奇相关的内容，见张纯如《南京浩劫：二战中被遗忘的大屠杀》，第116—117页；同贝茨相关的内容见山本雅弘《南京暴行剖析》，第203—204页；卜正民主编：《南京大屠杀史料》，第43—44页。
③《纽约时报》1938年1月9日。

京却是屡见不鲜。

南京的老百姓至少在开始也相信了日本人宽宏大量、善意待人的承诺。罗伯特·威尔斯（Robert Wilson）医生是南京的 3 名美国医生之一，是在日本占领南京后唯一在现场护理伤员的外科医生，他这样写道：

> 今天下午我为一个可爱的 13 岁的小姑娘打上了石膏。当 13 日日军进入南京时，她和她的父母站在防空洞的门口看着他们走过来。一个士兵走上前，把刺刀刺向父亲，开枪打中母亲，用刺刀划开小姑娘的肘部，造成开放性骨折。她没有其他亲人，受伤一个星期之后才被送进医院。她已经在发愁当她不得不离开时，她该怎么办。她的父亲和母亲都被杀死了。①

与之形成鲜明对比的是，自饶家驹安全区建立和它存在的 3 年时间里，安全区没有报告过平民伤亡或遭受轰炸。

对于在南京死亡的人数一直有很多种不同的估计。死亡人数取决于所获得的数据资料的数量和质量，估算者的立场、政治倾向或爱国情感。拉贝提供的数字很低，为 5 万至 6 万人，但他的数字不包括军队的死亡人数和很多他不知道或没看见的杀戮。1985 年落成的侵华日军南京大屠杀遇难同胞纪念馆在纪念馆正面的石壁上刻着"300000"。南京大学的研究人员，利用南京"中国第二历史档案馆"的馆藏档案，进一步研究这个问题，得出的数

---

① 卜正民主编：《南京大屠杀史料》，第 220 页。另两名美国医生是 C. S. 特里默和詹姆斯·麦卡勒姆（该书第 15 页）。

字是 34 万。① 二战后东京审判战犯时，坚持认为，在日军占领南京的最初 6 周内，被任意杀死的平民和战俘数量超过 20 万。②

与这些估算相反，日本右翼认为南京大屠杀只不过是一种历史的虚构，就像一些人否认欧洲犹太人大屠杀的存在一样。其他人声称被杀死的人是非常少的，一篇报道把被日本士兵杀害的平民数量仅定为 47 人。③ 无论"准确"数字是多少，众多学者和研究人员似乎都能接受东京审判给出的数字。毋庸置疑，1937—1938 年的南京大屠杀是一个恐怖事件。④

在这种情形下，没有人会对南京安全区的短命感到惊讶。当然，日本人从一开始就没有同意安全区的存在。终止安全区的第一步是，日本军事专员福田德山（Fukuda Tokuyasa）宣布，所有难民和救济事务，包括向难民提供食物这一主要职责，都由 1 月 1 日成立的"自治政府委员会"负责。⑤ 失去了主要职能，国际委员会接到命令，要它将所有的行政权力、现金、粮食移交给这个日本人控制的新机构。接下来，要求到 1938 年 2 月 4 日为止，所有的平民都要向日本军事当局登记，2 月 4 日之后他们要离开安全区，回到自己的家。1 月 28 日，安全区受到最后一击，日本军方要求关闭所有的难民营。

进入 3 月，日本士兵的强奸和杀戮行为仍然没有停止。考虑

---

① 卜正民主编：《南京大屠杀史料》，第 14 页；傅佛果主编：《历史上与历史学中的南京大屠杀》，第 46—47 页。
② 远东国际军事法庭：《东京审判》，第 40 页，147—148 页；卜正民主编：《南京大屠杀史料》，第 1261 页。远东国际军事法庭（IMTFE）宣判日本犯有密谋、计划和发动侵略战争的罪行。所有 25 名被告均被判有罪，7 名被判死刑。
③ 远东国际军事法庭：《东京审判》，第 106—107 页。
④ 关于日军在徐州地区的战斗和屠杀的叙述，参见拉里《满目疮痍：1938 年战火对徐州地区的破坏》，载《战争伤痕：战争对现代中国的影响》，第 98—116 页。
⑤ 卜正民主编：《南京大屠杀史料》，第 74 页。

到这些情况，同时还希望能施加一些影响，国际委员会决定更名为"南京国际救济委员会"。拉贝希望清楚地表明，即使委员会没有行政权力，但仍能在分发口粮方面发挥关键作用，特别是如果日本军队能在南京城中维持安全的话。2月18日，安全区易名，与此同时，拉贝被他的公司召回德国，因此为他举行了一个告别会。中国人和其他的外国人给他各种荣誉，以表彰他在救助中国平民和领导国际委员会方面所作出的勇敢无畏的工作。拉贝在2月23日离开南京。

由于名称改了，加上日本人对安全区继续存在越来越反感，安全区撤除了，25个难民营大多数最后都关闭了。① 金陵难民营和其他5个小难民营坚持到1938年5月31日。1938年3月28日，一个自称"中华民国维新政府"，以主席梁鸿志为首的傀儡政权，在日本旗帜和中国五色旗的环绕下，在南京宣布成立，标志着日本完成了对中国首都的占领。所有的权力和机构都已经牢牢地掌握在日本人和他们的傀儡组织的手里。

第二次世界大战结束以后，远东国际军事法庭在东京开庭，宣判松井石根犯有55项罪状，根据众多罪状中的最后一项宣判他有罪。控诉书说，作为一名负有责任的政府官员，他和其他人"对他们法定的义务置若罔闻，他们没有履行自己的职责，采取适当的措施来确保士兵遵守纪律，阻止对战争法规和惯例的破坏"。② 松井石根被判死刑并被处死。东京审判的另一主角日本外相广田弘毅，以同一罪名——玩忽职守罪被判死刑，也被处死。直到今天，当代的日本外相不断参拜供奉着包括被处死的战争罪

---

① 卜正民主编：《南京大屠杀史料》，第95—100页，113—116页；胡华玲：《南京大屠杀中的美国活菩萨：舍命保护妇女的魏特琳》，第105—110页。

② 卜正民主编：《南京大屠杀史料》，第16—17页。

犯在内的 260 万名日本战争亡灵的靖国神社，这成为中日两国关系持续紧张的一个问题。中国人把参拜靖国神社和日本篡改中小学教科书上对 1937 年南京事件的历史叙述看作是对中日关系中的敏感点。

当然，很多日本人知道这场发生在南京的大灾难。对此进行思考的一个极好的例子就在日本出版的一本关于外相广田弘毅的著名传记中。该书的基本观点是："日本军队丧失了道德准则，这使得日本人在南京的行动低于人道主义的标准。这就是发生在南京的事件的基本原因。"①什么是道德准则？对一些人来说，它就是松井石根将军。对其他人来说，情况太复杂，不会只有一个原因。

获准成立的汉口安全区

汉阳、武昌、汉口是簇拥在长江中段的三座城市——武汉三镇，现称为武汉。武汉三镇是长江流域重要的商业和内河航运中心。汉口是武汉三镇中的政治中心，饶家驹神父为中国难民建立又一个安全区的新的中心。②

1937 年 11 月，南京即将陷落，除了海关、邮局、区法院外，大多数中国政府机关已迁往汉口和重庆。③ 外交部、卫生部和财政部在汉口建立了办公室，而交通部则迁往长沙。司法院、考试院、

---

① 广田弘毅传记出版委员会编：《广田弘毅》，第 315 页。

② 当时武汉有 1000 多名外国人，其中包括 300 名苏联人、260 名英国人、140 名美国人、110 名德国人、100 名印度人、60 名法国人，以及其他各国的人。同盟通讯社（Domei News Service），第 2 期（1938 年 7 月 10 日）。

③ 上海市工部局：《上海市工部局年报》（1937—1938），第 98 页。

行政院等其他的主要政府机关则长途跋涉,迁往中国西部的重庆这个更安全的大后方。在这一过渡时期,汉口成为中国的首都,直到各政府机关在重庆完成搬迁为止。

在一连串让人眼花缭乱的政治进展中,如前所述,日本人在南京成立了"中华民国维新政府"。这是除了早些时候在北京成立的以王克敏为首的"中华民国临时政府"之外的又一个政府机构。除了汉口蒋介石的国民政府和已经迁往重庆的中国重要的政府机构,现在又加上了两个亲日政权,这样,在 1938 年初的混乱的中国政治舞台上至少有了四个政府。在政治仓促变化的同时,战火继续蔓延。日本人重申他们无意与蒋介石谈判和打交道,将战线推到他们的下一个目标——武汉,他们希望在武汉能一劳永逸地结束中国全部有组织的抗日活动,并将国民政府挤压成为一个无足轻重的地方政权。

早在 9 月初武汉就遭到猛烈的轰炸,当时日本飞机在白天发动攻击,目标是摧毁汉阳兵工厂。兵工厂没有受到损坏,但 700 个中国人在轰炸中丧生。随后是更多的分散的空袭,给城市及其设施造成极大的毁坏,与之相伴的是巨大的生命损失。包括了农民、工人、商人、学生、教师的难民潮使武汉人口由 100 万蹿升到 1938 年暮春的 150 万。① 日军把武汉三镇看作是一座中国军事据点。日军发动的连续轰炸和进攻并不出人意料,因为在占领南京后,松井石根就表明其意图在于向武汉,如有必要,甚至向重庆进军,"结束中国人的抵抗"。

在建立汉口安全区的过程中,饶家驹神父个人起到了非常重要而又直接的作用。由于汉口安全区差不多是在上海安全区成

---

① 麦金农:《战争之初难民的逃难》,载《战争伤痕:战争对现代中国的影响》,第 124 页。

立一年之后开办的,饶神父已经有了上海安全区运作,以及南京和杭州两个安全区的丰富经验。① 有新闻报道指出,日本军事当局对未经他们的同意而建立的安全区日益不满,任何安全区通常都会在战术上给日军带来麻烦,这种时候,特别需要饶家驹的才干。至于汉口的形势,日本人质问为什么外国人还想留在危险的战区内。他们怀疑个中有中国人的图谋,于是敦促外国领导人利用他们的影响力向国民政府施压,停止将汉口的租界地区用作军事目的,并敦促外国侨民撤离。②

　　汉口安全区计划的设计,将上海饶家驹安全区作为典范,上海安全区的成立得到了中日双方军队的同意,它被证明是非常成功的,尤其是日本人也认为它是成功的。但另一方面,汉口面临与上海很不相同的各种问题,汉口被日本人看作是中国的政治中心和重要的抗日基地,认为那里藏匿了很多谍报人员和阴谋活动。像南京一样,日本人认为汉口有中国军队重兵防守,要想在这种情况下保护平民,只有中国军队彻底而迅速地退出城市。具体说,日本人认为,在汉口的外国地盘(法租界和以前的外国租界)和安全区,(中日之外)第三国侨民可能集中在这里寻求人身和财产的保护,因此,如同南京安全区的情况一样,这里就有可能会成为中国人藏身和进行抵抗的地方。上海安全区尽管与外国租界相邻,但它毕竟是在租界之外。日本人认为,只有在完全不

①《字林西报》1937 年 12 月 5 日,特别提到杭州安全区;《申报》1937 年 12 月 6—7 日,报道了浙江大学美国校长、总领事高思与日本当局就在西湖边上建立安全区进行了秘密商讨。这场在上海就建立杭州安全区进行的讨论十分激烈,日方发言人说在获知中国政府的回应或态度之前他不会给出正式的回答。
② 1938 年 7 月 20 日《字林西报》刊登《每日新闻》(*Mainichi shimbun*)的报道。

用担心被"抗日恐怖组织"利用的前提下,才能成立汉口安全区。①

尽管有这些难题,饶家驹与日本人之间的协商仍继续进行。早在1938年2月,日本政府就通知美国大使,最终还是有可能建立汉口安全区。只要日方严格的条件得到全面满足,日本军队是会尊重安全区的。② 综上所述,日本人并不是要他们完全放弃建立汉口安全区的想法,而是必须确保不会被抗日组织滥用,他们才会批准成立安全区。③

圣公会(Episcopal Church)和罗马天主教会在武汉地区有着很实际的利益,因此,它们对让饶家驹与外国列强,以及特别是同蒋介石斡旋,争取合作,创建武汉难民区很感兴趣。基督教教会组织希望在武汉建立11个难民营。④ 美国圣公会全国委员会执行秘书约翰·伍德(John W. Wood)就此与美国国务院的斯坦利·霍恩贝克进行了联系。⑤ 谨慎的美国国务院对此作出的回应是,通知美国驻上海总领事,"小心谨慎地避免发表任何涉及监督义务的言论,无论是对中方,还是对日方,美国都不承担监督他们彼此就建立难民区向对方所做承诺的责任"。另一方面,国务院又鼓励这些美国官员向汉口的难民委员会,也就是正在汉口访问的难民委员会主席饶家驹的私人办公室,提供"非正式和非官

---

① 日本内阁,各种信息资料,"汉口难民区的建立",东京日本外交部档案 JMFA, Tokyo,♯00025100,第153—154页。

② 法国驻东京大使致法国驻上海大使电,1938年9月6日,南特法国外交部档案馆,法国驻北京领事馆归国档案,档案号:ser. A, box81。

③ "汉口难民区的建立",东京日本外交部档案(JMFA, Tokyo),♯00025100,第153—154页。

④ 麦金农:《战争之初难民的逃难》,载《战争伤痕:战争对现代中国的影响》,第129页。

⑤ 美国国务院,约翰·伍德致霍恩贝克的信,1938年6月12日,793.94/13377。

方的"帮助。①

在饶家驹建立新安全区的努力中,比他过去的经验更为重要的是,在 1938 年 5 月 2 日至 8 月 2 日他自称的外国募捐之行中,他建立了一个强有力的社会关系网。他乘坐轮船离开上海,第一站是日本,他设法在东京与日本外相广田弘毅安排了一次会晤。② 饶家驹抓住这次难得的机会,解释了他在华难民工作中的成就和困难,并了解到日本官方对于战时迫切需要的难民工作所采取的政策。无疑,饶家驹神父充分发挥了他的游说本领,力图影响广田对难民形势和安全区作用的看法。

在日本会谈之后,饶家驹乘船前往美国,会见斯坦利·霍恩贝克和富兰克林·罗斯福总统,为他的难民营寻求援助,并和他们一起讨论了中国的局势。关于他的美国之行的更多内容将在下一章讲述。

饶家驹不在汉口期间,法国总领事报告说,英国也想尝试在没有饶家驹帮助的情况下与日本人进行谈判,这反映了他在外交上的成功在当地外交界引起的小小嫉妒。很快就有人站出来为饶家驹说话,这就是主持天主教战争救济会(Catholic War Relief)的艾原道(J. S. Espelage)主教,他说:"只有饶家驹神父才能够取得成功。"③

饶家驹于 1938 年 8 月返回上海,很快就在 9 月 5 日获知,日

---

① 美国国务院致上海电,1938 年 8 月 4 日,893.48/1609。在上海的英国人、法国人、德国人、意大利人甚至日本人,都采取了与美国人相同的立场。罗赫德致美国国务院秘书的信,1939 年 8 月 3 日,893.48/1610。也可参见霍恩贝克致约翰·伍德的信,1938 年 6 月 14 日,793.94/13377。

②《北华捷报》1938 年 8 月 3 日。

③ 高兰致那齐雅的信,176 号,1938 年 10 月 9 日,南特法国外交部档案馆,法国驻北京领事馆归国档案,档案号:ser. A, box81。

本东京政府已经公布了他们的承诺：在一定条件下，日本在华部队不会进攻汉口的指定区域。一名政府发言人说："尽管我们相信，由于饶神父是一名很有经验的人，任何问题都会迎刃而解，（但我们的确是有前提条件的）。"①饶家驹与日本驻上海总领事日高倍六郎（Hidaka Shirokurō）就建立汉口安全区计划进行了详细的会谈，主题就是这些前提条件。这种一对一式的谈判是这样进行的：饶家驹就拟议中的安全区方案的一些方面，如安全区的位置或范围明确表态，接着日高倍六郎就饶家驹建议的内容进行增减。② 随着会谈继续进行，其他人也加入商谈，其中有饶家驹与日本总领事冈崎胜男（Okazaki Katsuo）③的商谈，川原南（S. Kawahara）与恺自威（W. J. Keswick）的商谈，川原南代表日本领事馆，恺自威代表饶家驹成立的"汉口特别指定区委员会上海分会"（Shanghai Sub-Committee of the Special Hankou Notified Zone Committee）。一个备忘录包含了 9 月第 21 次会议时的会谈纪要，从会谈纪要看，建立安全区的准备已经完成。建立安全区的基本条件是"该地区的中国政府必须确保彻底而绝对的非军事化"④。"非军事化"可以理解为安全区内不能有中国的军事设施，除了由委员会认可的特别警察外，安全区内不能出现军人或通过安全区运送军人。如果这一条件能够满足，"日本皇军就不会进攻这块用红十字会旗标出，并用带刺的铁丝网封闭起来的地区"⑤。

---

① 《字林西报》1938 年 10 月 27 日；《大陆报》1938 年 10 月 26 日。

② "汉口安全区谈话纪要"，南特法国外交部档案馆，法国驻北京领事馆归国档案，档案号：ser. A，box81。

③ 南特法国外交部档案馆，法国驻北京领事馆归国档案，档案号：ser. A，box81。

④⑤ "汉口安全区谈话纪要"，南特法国外交部档案馆，法国驻北京领事馆归国档案，档案号：ser. A，box81。

代表上海国际委员会和日本领事馆，饶家驹在上海与英国官员以及法国大使那齐雅举行聚会，商讨汉口安全区的计划。那齐雅表示他本人完全支持这一想法。但他告诫说，汉口的法国领事馆既没有人力也没有财力，因此它不可能像上海的法租界支持南市安全区那样去支持汉口安全区。即使是标划安全区的边界和维持治安所需的警力也超出了汉口法租界的能力。饶家驹和那齐雅认为，保证汉口安全区的最好办法是，将各个前外国租界的地盘和资源整合起来。①

饶神父就汉口安全区的前景发起了又一轮谈判，这次是在重庆与蒋介石夫人进行的。1938 年 10 月 10 日，这位迷人而又坚强的女主人提出了很多政策上的顾虑，饶家驹一一进行了回答。饶家驹的谈判方式是一种你来我往的辩论。蒋夫人争辩说，汉口不会陷落，必须不惜一切代价保卫汉口。饶家驹反驳说，汉口位于两条江（汉江和长江）交汇处，无法防御，尤其是强大的日本海军已停泊在中国近海。蒋夫人接着争辩说，我们需要做一定的战术准备，让平民离开战场只会提高军事成功的机会。她想继续执行疏散平民的政策，并采取其他能够保持和提高中国人士气的措施。饶家驹坚持说，疏散平民非常重要，让更多的难民远离战场，但总有一些难民无法疏散，因此他们需要照料。而由安全区委员会来负责关照难民，中国人的士气和得到的待遇肯定要比把这些平民留给日本人照料要好得多。安全区委员会也能够暂时保管珍贵的物品，不会让它们落入日本人的手里。最后，蒋夫人坚信日本人急着要建立一个安全区，既然这样，那么为什么我们要遂

---

① 那齐雅致汉口法国领事馆电，1938 年 9 月 3 日，南特法国外交部档案馆，法国驻北京领事馆归国档案，档案号：ser. A，box81。

其所愿呢？饶家驹回答说，恰恰相反，日本当局把安全区看作是他们军事行动的一大障碍。商谈的结果是，蒋夫人承诺她本人支持汉口安全区。①

法国总领事高兰(Lucien Colin)报告说，饶家驹秘密通知他，蒋介石主席及其夫人均已表示支持安全区。高兰赞扬了饶家驹在这些谈判中所起的作用，他说他做事非常稳健。② 接下来碰到的是让安全区支撑下去的资金问题。饶家驹估计安全区至少需要70万元，他正好人在重庆，所以他向重庆的国民政府请求至少拨款50万元。③ 在离开重庆之前，孔祥熙告诉他，在安全区被正式承认后，就应该能拿到这笔拨款。可能就是因为这一好消息，他一回到汉口就激动地对新闻界说："汉口的难民有保障了！"接着，他匆忙赶去会见法国领事。④ 在10月25日，饶家驹正式对外公布，汉口安全区已得到官方认可，中国政府将给予资助。⑤

商定的安全区的边界是：东面以长江为界，西面以平汉铁路为界，南面以江汉路为界，北邻日本租界，安全区包括了法租界和以前的德、俄、英租界。安全区内有大量外国拥有的不动产，其不可侵犯性早已得到承认。除了汉口安全区的构想外，还有一个考虑是建立非军事化的"无人区"，设在安全区的西面、北面和东面的外围地区，大约距离安全区边界有1公里(0.62英里)的距离，这样就可以避免无法预想的破坏和在安全区附近进行战斗所带

---

① 杜百里致恺自威电，1938年10月12日，♯926-S。南特法国外交部档案馆，法国驻北京领事馆归国档案，档案号：ser. A，box81。
② 高兰致艾原道主教电，1938年10月18日，♯268。南特法国外交部档案馆，法国驻北京领事馆归国档案，档案号：ser. A，box81。
③ "♯288"电报，1938年10月22日。南特法国外交部档案馆，法国驻北京领事馆归国档案，档案号：ser. A，box81。
④《字林西报》1938年10月23日。
⑤《大陆报》1938年10月25日。

来的危险。① 日本总领事冈崎对此没有异见,但委员会还是顾忌到当地中国人对安全区包括日本租界会有的反应。"无人区"这个想法是日本人根据他们在上海的经验提出的,他们声称中国人利用上海租界袭击日军,也对外国利益造成损害。② 日本人的主要目的是避免安全区为战败的中国军队提供庇护。这类无人区对南京当然会是很有用的。

另一项条款是,由宪兵而不是正规部队控制汉口的进出和占领。另外,地方警力,要在"汉口难民区委员会"的监督下行动,要协助安全区的日常管理。即使在日军占领汉口以后,难民区委员会仍要继续工作,尤其是在过渡阶段和行政交接期间。这些措施要确保一个尽可能有秩序的、务实的安全区。"安全区委员会主要关注的是最基本的人道需要",是保护第三方国家的人员和财产,避免混乱和无序。这样的说法明显带有饶家驹个人印记。③

饶家驹为在武昌建立难民区进行了很大的努力,他注意到那里有很多医院、学校和教会的房产。在提出要求时,他承认武昌的防御工事已是非常强大,但他承诺要尽最大努力在武昌周围筹划一个非军事区。他强调武昌难民区在人道方面所具有的极端重要性。日军不为他的理由所动,拒绝批准成立武昌难民区,因为那里有大规模的防御工事,不可能被改造成一个非军事化的难民区。④

10 月 25 日,在正式宣布武汉不设防守后,中国政府的头头

①《大陆报》1938 年 10 月 25 日。有意思的是,委员会想把日本租界划进安全区,即使做不到,也不会对上述安全区产生损害。
②③"♯243"电报,东京的法国大使给上海的法国大使的信,1938 年 9 月 6 日。
④ 同上。"谈话纪要"。南特法国外交部档案馆,法国驻北京领事馆归国档案,档案号:ser. A, box81。

脑脑们开始离开这座城市。取代中国政府的是"汉口难民区委员会",饶家驹是委员会的临时主席,该委员会接管了"汉口特别行政区"。在安全区建成之时,饶家驹报告说,新委员会已得到正式认可并将得到中国政府的资助,这表明此前他在重庆的努力进展顺利。① 该委员会将作为临时行政机构,直到它把权力移交给"继任的政府"。② 至此,难民的安全已经是新政府——也就是说是日本人要考虑的问题了。规定汉口难民区委员会能够接收的难民人数大致是 4 万人。③

难民区委员会的成员来自德国、意大利、法国、美国和英国。④ 饶家驹神父返回上海后,孟良佑(A. A. Gilman)主教接替他成为委员会主席。饶家驹坚定地宣布安全区没有不可告人的政治目的,它唯一的人道主义目标是保护中国大众。它的目的在于帮助年老、生病或体弱者,携带孩子的母亲,或是拖家带口的父母,他们无法应付旅途的危险和困难,不得不留在原地。难民区委员会也将接替离开汉口的中国官员代行管理职责。汉口市市长吴国桢指出,在 125 万汉口市民中,40 万仍留在武汉市,需要受到保护。在离开汉口前,吴市长在一个记者招待会上说:"我留

① 《中国邮报》(China Post),1938 年 10 月 26 日;《多伦多明星报》(Toronto Star)1938 年 10 月 25 日。
② 《字林西报》1938 年 10 月 26 日;法国总领事高兰,♯322,1938 年 10 月 25 日。南特法国外交部档案馆,法国驻北京领事馆归国档案,档案号:ser. A,box81。高兰称,安全区成立还不到 1 天,就接收了 50 万名难民。
③ 国务院函件,1938 年 8 月 15 日,美国国务院,一般档案,893.48,box7229。
④ 难民区委员会的成员为:孟良佑主教,美国圣公会会长;艾原道主教,美国人,天主教会,住武昌;高尔文,英国人,圣高隆庞外方传教会,住汉阳;狄约翰牧师,英国人,循道公会;杜百里先生,英国人,怡和洋行驻汉口代理;马喀先生,英国人,英商公会会长,瑞记洋行经理,住汉口;玛西主教,意大利人,天主教会,住汉口;尚德隆,法国人,万国储蓄会经理,住汉口;陶利,德国人,礼和洋行经理,住汉口。美国总领事卓思麟汉口来电,1938 年 8 月 1 日,国务院,一般档案,893.48,box 7229。也可参见《字林西报》1938 年 10 月 25 日。

下了数以千计的穷人,其中一些人贫困潦倒,他们无法逃难,但我知道,留下的人会得到好好地照顾……日本人统治中国是不可能的。"①他称赞了饶神父的工作,说汉口安全区的存在是他的奉献精神的结晶。②

美国记者史沫特莱此时正在在汉口,她为《曼彻斯特卫报》报道了发生在汉口的事情。她以同情中国共产主义者而闻名,在上海期间,她同著名的苏联/共产国际间谍理查德·佐尔格(Richard Sorge)有过交往。在逗留汉口期间,她加入了中国红十字会医疗队,并强烈批评在华国际红十字会不向她所在的中国红十字会提供捐款和医疗补给品,只支持和资助教会医院和教会组织。③她把战争描绘成是传教机构的"天赐之物"(godsend)。在她的笔下,传教机构成了无数中国平民躲避日本战争威胁寻求避难的场所,同时也成了向难民宣扬基督教的场所。像中国红十字会医疗队等让人信赖的重要机构,至少在初期,既得不到补给品也得不到资金,而传教机构能够得到充足的外国援助。虽然如此,史沫特莱显然还是认为她必须报道这样一个事实,即国际红十字会和难民区委员会的确取得了令人震惊的功绩,它们在汉口建立的"安全区最终收容了将近40万名中国人"④。但是,她不想给予安全区太多的赞扬,她认为开办安全区并不像所宣称的那样是专为人道主义目的;在她看来,安全区是为汉口的外国工厂和日本的战争机器"储备劳动力"。

---

① 《字林西报》1938 年 10 月 26 日。
② 法国总领事高兰致东京和巴黎,♯309 – 10,1938 年 10 月 25 日。南特法国外交部档案馆,法国驻北京领事馆归国档案,档案号:ser. A, box81。
③ 史沫特莱:《战争颂歌》,第 216 页。
④ 同上书,第 222 页。

　　难民区委员会第一个紧要的任务是清除安全区内的所有的
军队、防御工事、武器和弹药。这些工作是在西方列强的合作和
协助下进行的。驻扎在英国领事馆的一支 100 人的英国军队准
备执行巡逻任务，一小队英国水手在与华界交界的地方用带刺的
铁丝网构筑屏障。驻扎在"海军基督教青年会"（Navy YMCA）
会所里的意大利水手和美国海军人员也施以援手。英国皇家海
军舰艇"奈特"（Gnat）号、"燕鸥"（Tern）号停泊在以前的德租界。
在日军进入汉口后外国志愿者被动员起来，只带警棍，在街上
巡逻。

　　因为中国人破坏了一些防洪大堤，当日军到达汉口时，遭遇
到一场小规模的洪水。日本工兵很快建起了一架桥，最先通过的
是装甲车，接着是日本步兵。饶神父和法国总领事高兰会见了日
本军官，一起参加了汉口安全区成立的正式典礼，以示他们对安
全区的承认。[①] 接下来，意大利海军陆战队为进入安全区的日军
开路，此举是要让日本军官相信安全区内没有武装部队。饶神父
来到门口，引导日本的先头部队，穿过以前的德租界，再穿过其他
前租界后面的地区。在途中，一位海军上尉和饶神父在前面侦查
道路，确保日本士兵的通道。这样，日本士兵跟着他们行进，平安
无事地通过了安全区。[②]

　　接管和占领汉口远比在南京所发生的要井然有序得多。当
然仍有暴力，日本领事馆、海军司令部以及铁路干线上的火车站
均遭到爆炸的破坏。大多数破坏是由撤退的中国军队点燃了炸
药的导火线引起的，他们要摧毁这些可能会被日军使用的军事设

[①] 法国总领事高兰致东京和巴黎，♯324，1938 年 10 月 26 日。南特法国外交部档案
　　馆，法国驻北京领事馆归国档案，档案号：ser. A, box81。
[②]《字林西报》1938 年 10 月 28 日。

施、交通枢纽和公用事业设施。关于公用事业设施,饶家驹直接向中国当局请求不要炸掉自来水厂,因为它是剩下的难民的生存所必需的。于是,中国军队只对自来水厂制造了轻微的损害,日本工兵几天内就把它修好了。① 电话和邮递服务停止了,这在外国人中引起焦虑,因为他们无法让家人知道自己现在怎么样了。

日本人没有轰炸汉口安全区。相反,日本军队对撤退到武昌西南和其他地方的中国军队进行了猛烈轰炸。包括以前国民党的办公地点、蒋介石的司令部等目标都遭到破坏。日本人入侵武汉的过程充满了暴力,一些暴力来自日本军队,一些则来自中国人。汉口安全区周围遭到了连续轰炸,建筑倒塌,所有的玻璃都被震碎了,城市中数起大火,武昌的大火烧了好几天。确实有日军抢劫民宅和商店,他们找中国苦力来运送他们偷来的物品。一名汉口的外国传教士报告说,日军制造了一起杀人案件和数起强奸案件。② 虽然如此,法国大使还是报告说,必要的过渡措施继续有效工作,多亏所采取的这些措施,在目前困境中争取到了最好的结果。③

据报道,到 11 月 1 日,汉口的形势已平静下来。中国平民迅速从以前的租界地区被疏散到新的安全区,外国资产完好无损。安全区完全非军事化,日本军队暂时继续让现有的民警维持秩序,承担起维持治安的责任。④ 按照双方达成的协议,就像上海

---

① 《字林西报》1938 年 10 月 28 日。

② 山本雅弘:《南京暴行剖析》,第 164 页。

③ 那齐雅大使致巴黎和东京,1938 年 10 月 26 日。南特法国外交部档案馆,法国驻北京领事馆归国档案,档案号:ser. A,box81。

④ 那齐雅大使致巴黎和东京,1938 年 11 月 1 日。330、331 号电报,1938 年 10 月 27日—28 日。南特法国外交部档案馆,法国驻北京领事馆归国档案,档案号:ser. A,box81。

安全区那样,带枪的中国士兵一律不准进入安全区。一旦日军完成占领,形势稳定下来,安全区内的难民营立即被迁往长江上游距汉口两英里的武胜庙(Wu Shien Miao)。由于日军没有轰炸汉口安全区,它是汉口城中唯一完好无损的地方,对日本占领者来说,它成了最吸引人和最适于居住的地方,所以日军要占领这一区域,作为他们自己的住所和办公地。

对历史材料和当时情形的回顾可以看出:日本人对武汉的进攻和占领发生某种改善,缘于三个重要因素。在华日军在武汉之战中有了更好的指挥。早前的战役,日军都是突然集结,实际上没有认真筹划战役,到进攻武汉之时,东京的军事指挥部对日本想要在中国取得的东西有了更清楚的认识。在过去一年中得到的经验,让中日这两个仍旧交战的对手就武汉的命运达成相互谅解成为可能。而且,日军在南京胡作非为的经历及产生的耻辱感,使日军的战术和行为变得有所节制。最后,饶家驹神父灵活巧妙地执行协议,并赢得蒋介石和汉口市市长吴国桢的支持和合作,对汉口安全区能取得相对成功的结果是不可或缺的。法国总领事高兰不无夸张地称赞饶家驹说,汉口未尽毁于战祸实得力于一人,"此人就是饶家驹"。

其他的安全区

日军入侵或威胁到的地区尝试建立"饶家驹安全区"保护平民,出现了各种不同状况。饶家驹的安全区模式成为各地安全区的榜样,但饶家驹神父是否直接或大量地参与了下述安全区的工作,现在并不清楚。众所周知,早在 1937 年 12 月 5 日,杭州城里的人就开始讨论建立保护城市居民的安全区问题。驻厦门法国领事报告说,福建漳州的西班牙天主教神父和修女在漳州东面2英里的一个村庄建立了一个类似的"饶家驹安全区"(sort of Jacquinot zone)。一旦战争降临漳州,它就成了他们自己、800名天主教徒和其他人避难的地方。安全区领导人说,中国军队保证任何部队都不会进入该区域,还捐款1000元来救助中国难民。与以往插红十字会旗来标出安全区边界的做法不同,据说他们用法国国旗取代了红十字会旗,用竹子做的栅栏来作界线。这算是他们对饶家驹安全区的主题所做的变奏,但遗憾的是,他们的努力没有得到日本人的同意。①

法国大使也报告了天主教会在南京(似应为"苏州"——译者)附近的吴江建立安全区的情况。传教士划定了安全区的边界,并得到中方保证,中国军队不会进入该区域。日军对待天主教会的请求就如同他们在汉口所做的那样,日军将这一请求通知饶家驹神父,并说如果日军的条件能够满足,这一请求有可能被批准。②

一家通讯社报道说,香港救济会的罗纳德·赫尔(Ronald Hull)与日本总领事中村丰一(Nakamura Toyoichi)签署了一项协议,此协议的成果是在深圳建立了一个安全区,条件是安全区内不能有中国军队,没有抗日活动。③ 与此同时,日本官员原则上同意在香港成立一个安全区。④

---

① 厦门法国领事馆致那齐雅大使,♯47,1938年6月15日,南特法国外交部档案馆,法国驻北京领事馆归国档案,档案号:ser. A,box81.
② 那齐雅大使致汉口领事馆,♯/49,1938年9月5日。那齐雅请求领事馆转告艾原道主教,"仅做个人参考"。
③ 同盟通讯社,第2期(1938年10月18日)。南特法国外交部档案馆,法国驻北京领事馆归国档案,档案号:ser. A,box86.
④《字林西报》1938年10月19日。

自 1937 年 9 月开始，广州遭受了日军猛烈的空中轰炸，中国政府决定停止抵抗，放弃广州城。鉴于上海闸北的惨痛经验，广州地方当局在 1938 年 10 月 23 日终于征得日军同意，建立了 3 个安全区来保护平民。英美两国官员在 11 月 7 日成立了"广州英美难民委员会"，把"三一学校"（Trinity School）、"夏葛纪念医院"（Hackett Memorial Hospital）、广州医院作为保护难民的中心地点。日军同意日本士兵不得进入上述地区，中国方面向领事馆官员保证，中国士兵不会在安全区附近从事冒险行动。美国官员又把在 6 月初遭受轰炸的岭南大学划入安全区，用于保护妇女、儿童和年迈的平民。宋子文给了 5 万元的资助，他向当地的霍尔（Hall）主教承诺，另外 5 万元也将很快送达。①

1939 年 6 月 30 日，上海的美国官员，而不是饶家驹神父，提出了在福州市附近的仓前山建立安全区的请求，日本的正式答复是由日本总领事三浦义秋（Miura Yoshiaki）作出的，这已成为他们的标准答复，其文如下：

> 现在谨向你告知日本当局的决定：尽管日方不能正式认可提议中的临时安全区，但只要中国武装部队没有攻占或进入所提议的这块区域，或是把此地区用作军事目的，日方亦不准备将此作为进攻目标。②

如果通过饶家驹神父提出请求，有他保证日方要求的条件一定会得到满足，日本人很有可能会正式认可这个安全区。日本人再三强调他们相信饶家驹的诺言、计划和行动，这成为他们做决

---

① 《字林西报》1938 年 10 月 23 日。
② 三浦义秋致法国总领事高思，1939 年 7 月 5 日和 6 日，美国国务院，一般档案，893.48/1789。

定时的一个重要因素。

　　材料显示,饶家驹的安全区概念给数以千计无家可归遭受战争威胁的难民提供了一层基本的安全保护。事实上,上海安全区有 25 万名难民(保守估计),南市安全区幸存的难民有 20 万人,汉口受到保护的难民超过 4 万人,其他安全区受到保护的难民估计有 3 万人,如果把这些数字加在一起,那么饶家驹的安全区计划可以说救助了 50 万名中国难民,若没有饶家驹,他们中的大多数都难逃死亡的厄运。

第六章　海外筹款

> 受人恩惠而能予以回报,我们就会感到快乐;如若不能,
> 别人所得的回报就不是感激而是憎恨了。
>
> ——塔西佗:《编年史》第 4 卷第 18 节

饶家驹安全区内的各项救济事业需要资金,他急需寻找外援。公共租界是上海经济最繁华的地区,租界工部局接到大量的慈善组织的请求,希望给予财政支持。但得到的回答总是,工部局董事会不能将"普通市政预算"用在救济工作上。在工部局董事会的会议上,工部局总董和其他董事总是警告大家,倘若工部局介入资助难民的事务,带来的风险就是一些大难民救助组织,像国际红十字会、基督教青年会、上海国际救济会等,会将责任永久地转嫁给工部局。工部局董事达成一致,决定尽可能地拖延承担救助难民的责任。[①]

在美国,捐献者不懈地捐献筹集救济资金。初期致力于募集善款的一位重要人物是美国前总统赫伯特·胡佛(Herbert Hoover),他曾组织了一个美国富人委员会从事募捐。胡佛曾在中国做过工程师,1900 年义和团运动期间他曾在天津修建防御工事和从事营救工作。据中国方面的材料显示,胡佛的募捐工作

---

① 上海工部局:"会议记录",第 27 卷,第 271 页,283 页。

卓有成效,共筹集了 1000 万元(中国货币)。到 12 月初为止,通过各种渠道中国方面仅募集到 200 万元,这表明胡佛筹集的这笔钱在当时是多么重要。当时的国民政府也不过只给了 5 万元。胡佛提及这笔钱将归国际红十字会支配,将迅即送到中国战区进行救济。[1] 总部驻日内瓦的国际红十字会在 1938 年发表声明,称日本曾向国际红十字会捐助 1 万瑞士法郎,其中一部分也有可能用于资助中国的救济工作。[2]

在上海,法租界当局开始发行"法商救济难民慈善奖券"来募集资金。一向锐意革新、乐于助人而从不循规蹈矩的饶家驹神父和莱昂·里夏尔·斯那兹(Leon Richard Shinazi)一道协助了慈善奖券的发行。斯那兹是当地的一位商人,当时他监督了难民券的成功发行。工部局经过长时间的讨论才投票决定允许奖券在公共租界销售,要求销售和监督符合上海市治安条例和工部局的相关条款。工部局投票否决了发行"市政奖券"筹款救济难民的提议,理由是工部局一贯奉行公共租界不允许公开赌博的政策。工部局董事会成员认为没有必要"在这种事情上降低工部局通常的行为标准"[3]。尽管工部局对其政策的这种解释的确值得商榷,但考虑到为数众多的夜总会、跑狗场、跑马场和其他娱乐中心在公共租界里繁荣兴旺,工部局总是要向公众尽力表现出其对租界道德标准的关注。[4]

代之以发行奖券,公共租界里为救济难民所采取的募集资金

---

[1]《申报》1937 年 12 月 2 日,9 日。

[2]《红十字国际评论》第 21 卷第 1 期(1939 年 6 月)。

[3] 上海工部局:"会议记录",第 28 卷,第 44—48 页;2007 年 1 月对斯那兹的女儿葆琳·威特的采访。

[4]《字林西报》报道说,公共租界有 125 家赌场。参见《东方事件》,1939 年 3 月,第142 页。

的方法是"自愿缴纳娱乐捐"（Voluntary Entertainment Fund）。宾馆、饭店、电影院以及其他娱乐场所，按一定比例抽取部分营业所得，专门用于救助难民。例如，餐饮费和房屋租金各抽5％用作"娱乐捐"。[①] 对很多人来说，向顾客征税似乎既不公平也不受欢迎，但它确实在上海募集到一大笔资金。募款活动构成了这座城市生动活泼的社会风景。来自租界的当地女学生通过出售她们的刊物《女孩的快乐》（The Girl's Delight）来募集资金。还有一些善款来自慈善音乐会，中国女学生则在租界里的街区和街道上劝募。[②]

然而，这些还是不能满足需要，饶家驹神父意识到必须借助他于早年救援工作中练就的募捐技巧来募款。由于饶家驹安全区位于两个受保护的租界之外，因此想从任何一方获得救济资金都是煞费周章，困难重重。于是，他想出了一个雄心勃勃的计划，去美国和加拿大巡回募款来满足安全区的需要。他的这次海外募款之行始于1938年5月2日，8月2日他才返回上海。

离开中国之前，饶家驹于3月8日去了一趟香港，就难民处境的危险、他即将开始的海外募资之旅以及迫切需要政府资金等问题与有关各方进行了商谈。他首先会见了香港总督，总督之前曾邀请他在逗留香港期间上门做客，并介绍上海的近况。接着，他在聚会上向一群可能捐款的富人表示，中国政府正全力支持他的救济活动。在出席他的难民形势演讲会的人中，他挑选了几位，成为他为募款救助难民而组织的筹划委员会的委员。对饶家驹得到哪些高层的支持还心存疑问的人来说，下面一点可以说明

---

① "对难民的救助"（"Aides aux refugiés"），1938年4月30日。南特法国外交部档案馆，法国驻北京领事馆归国档案，档案号：ser. A，box86.

②《申报》1937年12月9日。

一切：他一到香港，就有三封来自汉口的电报在等着他，电报上请他把访问首都加入他的行程。邀请分别是由行政院院长孔祥熙、宋子文和蒋介石本人发出的。他们派了一架私人飞机去香港接饶家驹神父到汉口，在汉口饶神父受到三人的盛情款待。他们对饶家驹神父的工作，以及在华天主教会对身陷不幸需要救济的人们所作出的慷慨无私的服务表示称道。蒋介石也同意让罗马教皇驻中国的代表参加最后的宴会，而后者一直在寻求机会与中国高层官员接触。宴会开始前蒋夫人邀请罗马教皇代表做祈祷。宴会的高潮是宣布废除现行的禁止在课堂上进行宗教教育的法令，这是对饶家驹神父救助中国难民的出色工作尤其是建立饶家驹安全区和在华天主教会的服务的一种回报。[1] 出于个人的感激之情，蒋介石给饶家驹神父写了一封感谢信，并在信中附了一张蒋本人的签名照以及他的献词。[2] 这些东西后来在他在美国和加拿大巡回募款期间起了很大作用。

会谈中，饶家驹神父一再强调流浪儿童的悲惨境遇并称赞蒋夫人为"减轻他们的痛苦"所作出的努力。他接下来说，他为这场他担心旷日持久的中日战争能早日结束而不断祈祷。他很策略地向中国领导人提出的诉求肯定给他们留下深刻印象，因为报纸报道说，汉口临时国民政府承诺给他 25 万元用于救济工作，钱款将由财政部转付。这样，中国政府的捐款总数就达到现金 75 万元，债券 80 万元。[3]

---

[1]《耶稣会》第 8 期(1946)；胡塞·阿尔图罗：《海外传教的世纪》，第 33 期(1946 年 12 月)，第 456 页。

[2] 没有日期的手稿，藏于 JA，第 4 页。

[3]《字林西报》1938 年 3 月 17 日；《大陆报》1938 年 3 月 25 日。《教务杂志》(*Chinese Recorder*)1937 年 12 月号报道说，现金总数达 80 万元(第 782 页)。这些金额均以中国货币为单位。

作为对饶家驹神父在救济工作上的贡献及其他诸多成就的赞许,法国驻华大使那齐雅于3月28日设午宴招待饶家驹神父和饶家驹救济委员会的成员。在环境奢华的"法国总会"(French Club)里聚集着50名应邀出席宴会的客人。如同他一贯的做法,饶家驹神父告诉来宾,如果没有同事的支持,没有法国当局的援手,没有军队首脑给予的合作,没有红十字会的帮助,他的工作是无法进行的。① 上海国际红十字会主席颜惠庆博士是出席宴会的中国贵宾之一。和普兰德(W. H. Plant)和卓纳思(J. R. Johns)一样,饶家驹是上海国际红十字会的副主席。② 庆祝活动包括宣布饶家驹神父已于2月12日获得一枚"骑士荣誉勋章",以表彰他建立南市安全区的贡献。很多客人预言他在上海的工作将会让他青史留名。③ 在一封私人信件里,那齐雅大使给予饶家驹最后的称赞,他说饶神父已经在法租界的边界地区救了10万条生命,他祝福饶神父海外筹款这一"仁慈行为"能够顺利圆满。④

饶家驹神父的海外之行得到颜惠庆任主席的上海国际红十字会的正式资助。他此行的正式目的是与两家设在纽约的机构——美国红十字会和中国赈灾救济会(China Famine Relief Corporation)就中国难民的境遇进行商讨。⑤ 此外,还要与另一个负责机构"美国对华平民救济咨询委员会"(American Advisory

①《大陆报》1938年3月29日;《北华捷报》1938年3月30日。
②《教务杂志》1937年12月,第781—782页。
③《北华捷报》1938年2月;饶家驹,"来自泽西岛的信札",1938年2月15日,JA。
④"对难民的救助",1938年4月30日。南特法国外交部档案馆,法国驻北京领事馆归国档案,档案号:ser. A, box91.
⑤美国国务院文件,893.48/1495,1938年4月6日;893.48/1512,1938年4月26日。

Committee for Civilian Relief in China)进行磋商,该组织主席是阿瑟·巴塞(Arthur Basset),其成员还包括一些熟悉中国救济问题的美国杰出人士。该组织负责在中国分发由美国红十字会筹集或者接收的捐赠,以及由美国国务院或者美国驻上海总领事馆等机构转交的捐赠。该咨询委员会的存在非常关键,因为当时美国红十字会不愿在中国承担协调救援工作的责任。[1]

为便于募捐,饶家驹随身携带了电影和大量的文字材料,以用于向观众展示中国难民问题的严重性和救济的必要性。其中令人印象最深的是一本由"华美出版公司"(Chinese America Publishing Co.)出版的名叫《"饶家驹安全区"的故事》(*The Story of the "Jacquinot Zone"*, Shanghai, China)的小册子,它内容丰富,封面精美,系扎着丝带。书中有数张精美的照片、文献和漫画,全面而又积极地展示了饶家驹在上海的工作。美国红十字会的官员报告说,就在伦敦举行的第 16 届国际红十字会大会上,他们用这本小册子的复制本作为进行"赦免区"主题讨论的基础。[2] 饶家驹告诉东道主,与其进行一般的巡回演说,他宁愿对一小群感兴趣的人(想必是有钱人)进行演说。[3]

美国红十字会早已积极投入救济中国的事务,它一贯的政策是向个人直接劝募,而美国各地都有地方红十字会组织接收捐款。这一政策的基础是捐款完全是自愿的。正是这一政策引领着饶家驹仅仅请求面对小群体进行演说,而不追求在全国范围内吁求募款。为此,饶家驹计划 5 月 21 日到美国红十字会主席诺

---

[1] 霍恩贝克备忘录,1937 年 12 月 19 日,美国国务院,一般档案,893.48/1821。

[2] 厄内斯特·斯威夫特致美国国务院礼宾部部长乔治·萨默林,1938 年 7 月 19 日,811.4611,法国/121。

[3] 罗赫德从上海发给美国国务院的电报,1938 年 4 月 26 日,811.4611,法国/114。

曼·戴维斯(Norman Davis)在纽约的办公室进行拜访。[1]

许多关心中国紧急局势的人士认为饶家驹这种低调的方式募集不到中国急需的大量资金。所幸，与他们的担心相同的不是别人而正是富兰克林·罗斯福总统，他主张采取更为积极的措施。南京的屠杀事件以及 1937 年 12 月 12 日日本海军飞机击沉美国军舰"帕奈"号使得罗斯福总统大为震惊，他在 1938 年 1 月17 日致信美国红十字会，信中向美国全国呼吁救助中国，并提出了一个捐款 100 万美元的全国目标。[2] 美国红十字会对此的最初反应是，我们"不搞(募捐)运动"。

罗斯福总统的信在报刊上发表后，在美国国务院的鼓励下，有人在 1 月 25 日出面响应。教会组织和慈善团体热心的支持也令人印象深刻，不容小觑。[3] 另外，美国驻上海商务参赞亚诺德(Julian Arnold)回国探访期间，敦促国务院请求总统指示美国红十字会，为募集所需的大量救济款，"募捐运动"是必要的。[4] 在此情形下，沉重的压力让美国红十字会不得不制定更为积极的救济计划来作为回应。总统已经确定了具体的筹款目标这一信息已经公之于众，红十字会领导人担心如果达不到这一目标，将使总统、红十字会甚至美国蒙羞。[5]中国方面对这一发展极为热切，但对于设定任何筹款的目标限额，即使高达 100 万美元，还是心有不甘。美国的救济计划一向以慷慨闻名。饶家驹在亚诺德的陪伴下达到美国，立刻，这一新的更富挑战性的目标也确定了他

---

[1] 罗赫德致国务院，1938 年 5 月 13 日，美国国务院，一般档案，893.48/1531。
[2] 罗斯福备忘录之"国务卿格雷森上将"，1938 年 1 月 11 日，893.48/1407—1/2。
[3] 美国国务卿赫尔致詹森大使，1938 年 1 月 22 日，893.48/406A；美国红十字会致国务院，1938 年 3 月 10 日，893.48/1498。
[4][5] 霍恩贝克致国务卿，1938 年 5 月 21 日；霍恩贝克备忘录，1938 年 4 月 1 日，893.48/1493。

的方向。

饶家驹巡回募款的第一站是日本，上文已经提及，在那里他会见了日本外相广田弘毅，此行的目的可能不是出于筹款，因为没有提到钱款过手，会见的目的是讨论中国的局势、饶家驹安全区，可能还有南京事件以及中国其他地方的未来。他去美国乘坐的是"加拿大皇后"（Empress of Canada）号轮船，在船上他借机对乘客发表演讲，向他们提供了关于中国难民形势和他在南市安全区工作的第一手资料。当然，演讲结束的时候他号召人们捐款，演讲期间他收集捐款。① 饶家驹当时由上海国际红十字会秘书施肇基的儿子陪同。他的太平洋航路的第一站是檀香山，在那里他在当地商人的集会上发表演讲。由于与会商人慷慨解囊，他募集到的善款数额巨大。当饶家驹请求人们帮助那些饱受战争蹂躏的中国的穷困潦倒的难民时，他的听众似乎已被这位独臂神父的言辞深深地打动和吸引。

法国驻华盛顿大使早已为饶家驹在那里的正式活动做好了准备，来自美国、法国和中国官员的信件都在声援这位不怎么出名的神父。这些信送达美国国务院和白宫，为他在华盛顿的高端访问铺平了道路。其中来自颜惠庆博士（曾在 1932—1937 年出任中国驻苏联大使）的信特别生动。颜大使在信中说："作为一名'传教士中的政治家'，饶家驹神父给人印象深刻，他身材高大，身躯瘦弱，身着黑色的教士服，上面饰以国际红十字会的会徽，会徽是一个色彩醒目的蓝环中加一个红十字。他蓄着白色山羊胡，一双敏锐而又和善的眼睛总是能给那些受伤病和贫苦困扰的人们

---

① 《北华捷报》1938 年 8 月 3 日；《公共福利》（Commonweal），1938 年 8 月 3 日，第 195—196 页；总领事高思致国务院，1938 年 4 月 6 日，美国国务院文件，档案号：RG84。

带来心灵上的慰藉。"①

1938年5月18日,饶家驹神父在温哥华上岸,迎接他的是当地媒体,他的照片出现在《温哥华太阳报》(Vancouver Sun)上。该篇报道突出强调了他在上海安全区的工作,并报道在即将进行的华盛顿访问期间,他将与罗斯福总统见面。②

到达华盛顿后不久,1938年5月24日,在乔治城大学外交学院(Georgetown University School of Foreign Service)创办人沃尔什(Edmund Walsh)神父的陪同下,饶家驹神父拜访了美国国务院远东司司长斯坦利·霍恩贝克。饶家驹概述了中国,特别是上海地区的难民的情况。他还提及就在他动身来美国之前,与汉口的中国领导人和日本政府官员交谈的内容,他强调说中日两国政府都认为发生在中国的这场战争还要持续相当长一段时期。饶家驹指出,由于战争的延长,中国的难民问题必然会继续存在,保证他们基本生存的任务十分艰巨,需要作出加倍的努力。他说,难民问题是全人类的问题,它与战争行为本身没有关系。他接着说:"在我看来,向难民提供救济这个问题是今天的世界面临的最为重要的人道主义问题。"③

饶家驹详尽地叙述了上海所开展的难民救济活动,其中包括他在南市安全区所做的工作。霍恩贝克显然在会面前听取了详细的简报,他对美国各类救济组织的活动尤其是与在中国的救济工作相关的活动,包括各类教会组织募集资金的努力,做了一个简短的概述。会面结束之际,霍恩贝克告诉饶家驹,他在美国为

① 泛太平洋通讯社,1938年5月25日,B卷。
②《温哥华太阳报》1938年8月19日;《多伦多星报》1938年5月19日。
③ 谈话备忘录,1938年5月24日,美国国务院,一般档案,893.48/567。

救助中国难民协助募集资金的工作"得到我们官方的祝福"①。

在法国驻华大使的要求下,法国驻华盛顿大使圣康坦(Comte Rene Doynel de Saint-Quentin)与美国国务卿科德尔·赫尔(Cordell Hull)取得联系并向其报告说,饶家驹对逗留华盛顿期间能向罗斯福总统致以问候有着浓厚的兴趣。美国国务院礼宾司司长乔治·萨默林(George T. Summerlin)向总统秘书马文·麦金泰尔(Marvin H. McIntyre)递交了申请书,同时附上国务院的推荐信,信中强烈建议罗斯福总统在饶家驹离开华盛顿之前接见他。在汇报了饶家驹的背景和在中国取得的主要成就后,萨默林的推荐信突出强调了他的详细的"对中国局势的个人了解"所具有的潜在的重要性。②

饶家驹在 5 月 26 日与罗斯福总统见面。在他返回上海接受《北华捷报》(North China Herald)的采访时描绘了他同罗斯福总统会面的情形。在抵达华盛顿两天之后,他写道:

> 白宫打电话给我要我立即过去,我立即照办。在总统私人秘书的办公室里,我和一位参议员一起等候会见。这位参议员给我的印象是他有急事要办,让我感到好笑的是,他的急事居然与防治蝗虫工作有关。我只等了五分钟便被引领着进入了总统的私人办公室,在那位议员之前受到接见。③

法国大使陪同饶家驹并把这位独臂神父引见给端坐在那里的罗斯福总统。谈到他对罗斯福总统的第一印象,饶家驹说:"你也

---

① 谈话备忘录,1938 年 5 月 24 日,美国国务院,一般档案,893.48/567。
② 罗赫德致国务院,1938 年 4 月 26 日,811.4611,法国/114;圣康坦致科德尔·赫尔,1938 年 5 月 24 日,811.4611,法国/116;《对华关系》(Relations de Chine),1938 年 10 月,第 512 页;萨默林致麦金泰尔,1938 年 5 月 24 日,811.4611,法国/116。
③《北华捷报》1938 年 8 月 3 日,第 195 页。

许已经听说过罗斯福总统颇负盛名的个人魅力吧？这样形容他毫不夸张。"罗斯福总统始终微笑着，告诉他可以畅所欲言。饶家驹本来准备好了一篇发言稿，但他意识到总统政务繁忙，而且，他深深地被罗斯福总统迷住，他说，他"把发言稿忘得一干二净"①。无疑，饶家驹的这些话是为迎合上海媒体的口味而说的，事实上，他与罗斯福总统的会面是有着很重要的实质内容的。除了告诉总统中国难民的情况外，他可能还扼要地告诉总统他新近在汉口与蒋介石和在东京与日本外相讨论中国军政形势的内容。无论如何，饶家驹在这次最为重要的拜访期间完成了他救济难民的"仁慈使命"，罗斯福总统批准了总数达 70 万美元的中国救济计划，这笔款项将以美国红十字会为中转机构，通过正规渠道转付给中国。②

新近发生在中国的事件令美国人开始关注中国以及日本的威胁。1938 年 1 月，蒋介石主席及夫人被亨利·卢斯（Henry Luce）的《时代》（Time）杂志宣布为"年度人物"。罗斯福总统对日本轰炸和击沉美国军舰"帕奈"号和骇人听闻的南京事件公开表示深深的遗憾。在一篇国会演讲中，他提议冻结日本在美国的资产。这些事件和美国的反应让饶家驹为救助中国难民而进行的美国之行恰逢时机。

美国红十字会把所获捐款移交给上海的国际红十字会。但是，美国顾问委员会（The American Advisory Committee）坚持认为，就如何分发资金和救济工作与蒋夫人联络并向她咨询非常重要。1938 年 8 月，美国咨询委员会通过驻汉口的美国领事馆向蒋夫人转交了 5 万美元，作为紧急救助首都（这里指的是国民

①《北华捷报》1938 年 8 月 3 日，第 195 页。
②《密勒氏评论报》1940 年 3 月 23 日。

政府的临时陪都——汉口,译者注)地区妇女和儿童之用。

在一次新闻发布会上,蒋夫人报告说,注意到市政府已经无法独立承担救济工作,国民政府已经接管了所有的救济工作。救济工作和财政负担极为沉重。国民政府及它的监察委员会,成为分发捐款和确定优先权的中心机构。[①] 蒋夫人再次请求美国政府拨款 5 万美元以满足更多的妇女和儿童的需要。12 月这笔款项到账,与此同时蒋夫人间接地请求更多的资金援助。[②] 11 月份,蒋夫人要求所有资金以黄金支付,并直接存入中国中央银行。[③] 美国难民救济计划成为国民政府资金的重要来源,一些人怀疑这些资金并非用于救济难民,而是被挪作他用。

美国的募捐宣传活动开始后,饶家驹在美国东部和中部各州,而亚诺德在美国西海岸各州分头进行募捐"运动"。一次典型的募捐运动包括先在当地进行公开宣传,接着就中国和难民问题发表演说,再接下来无疑就是呼吁出钱和收款。

饶家驹在纽约组织了一次大型晚会,以此开启了他的募捐运动,晚会再次显示了他在救济难民进行募捐方面的智谋。饶家驹得到小西奥多·罗斯福(Theodore Roosevelt Jr.)上校的鼎力相助,后者是中国平民救济联合会(United Council for Civilian Relief in China)的全国主席。[④] 饶家驹带有几分夸张地宣布说:

[①] 美国咨询委员会文件,1938 年 8 月 12 日,档案号:RG74,pt. 125。

[②] 花旗银行贝纳特档案,1938 年 8 月 12 日,档案号:RG74,pt. 125;蒋介石司令部,1938 年 12 月 23 日。

[③] 驻汉口的詹森致上海领事馆,1938 年 11 月 12 日,档案号:RG74,pt. 125。

[④] 据报道,该委员会成立于 1938 年 1 月,起因就是红十字会不主动协助中国在美国的募捐,至少在小西奥多·罗斯福任主席的中国平民救济联合会成立之前,它没有这样做。后来,美国红十字会才发起了一个全国性的募捐活动。小西奥多·罗斯福致美国咨询委员会秘书的信,档案号:RG84,848—1939。也可参阅上海领事馆文件,1938 年 1 月 11 日,档案号:RG74,pt. 125;《密勒氏评论报》1939 年 9 月 16 日。

"中国历史上没有一次灾难能够与今天发生在那里的战争、水灾、疾病和饥馑相比。"①这个名叫"旧中国之夜"的募捐晚会于 6 月 17 日在纽约的唐人街举行,由此在美国全国范围内发起了一系列被称为"一碗饭"晚会的宣传活动。计划在美国 280 座城市举行 2000 次这样的晚会。很多活动在 10 月 10 日中国国庆节前后举行。计划每位客人捐献一笔救济款,数额不等,介于买一碗米饭与买一顿正餐的费用之间。"一碗饭"晚会活动的高潮是 11 月 9 日在纽约皮埃尔酒店(Hotel Pierre)举行的一场叫"一碗饭舞会"的晚宴,身着中国时装出席这一晚宴的初入社交界的少女们成为舞会的一大特色。

饶家驹说,一美元就可以解决一个中国人一个月的衣食住以及医疗费用。在纽约唐人街的勿街(Mott Street)、披露街(Pell Street)、宰也街(Doyers Street)两旁的大多数中国餐馆都愿意参加这次活动,它们为餐券持有者提供有 7 道菜的正餐。一个装饰鲜明用绳子圈住的特定街区,装饰得色彩鲜明,街头小贩,算命先生,五颜六色日的货摊点缀其间。伴随着人们进餐的,是在大街上进行的跳舞、走钢丝、中国拳击比赛、摔跤、杂耍等活动以及由美国舞台、电影和广播明星参加的活动。和纽约的大多数社会名流一样,中国驻美大使王正廷也参加了这一活动。纽约警察局估计聚会的人数多达 85000 人。

为了方便包括用餐费在内的价值 6 美元的门票的销售,唐人街设了 7 个入口。估计在最早的募捐晚会上,有 5000 多人参加了捐款。罗斯福上校承诺说:"不会从'一碗饭'运动的所得中扣

---

① 《纽约时报》1938 年 6 月 17 日,18 日。

留一分钱作管理开支。"①募集的资金将送交上海的美国咨询委员会,由其与蒋夫人协商如何在中国最有资格的救济机构中分配这笔善款。②

据饶家驹发往上海的一份电报所说,"一碗饭"运动募集到相当大的一笔款项,大约募集到 100 万美元,为难民募款的"一碗饭"运动在最后一个月内举行了 1600 场宴会和舞会。在这笔善款外,美国红十字会又额外给了 70 万美元。再一次,饶家驹拒绝接受任何嘉奖,他把他的成功绝大部分归因于罗斯福总统以及美国红十字会主席、前美国驻欧洲特使诺曼·戴维斯的个人号召力。③

饶家驹神父在接受纽约耶稣会所(Jesuit House of Ignatius Loyola)的采访时详细讲述了他的海外之行的情形。除了募捐之外,他着重强调了在战时推广中立区原则的重要意义,他这样讲到:

> 这个[在上海的]安全区是平民在战时得到保护的范例,它已经经过了战争的考验。这是一场东方式的战争,在这场战争中,没有一个安全的角落,不接收战俘,伤员常常在战场上结束生命。如果这一范例在这种情况下能够有效,它也有希望在其他环境下发挥作用。

他还展示了那些赞扬安全区工作的蒋介石主席、日本外相广田弘毅以及中立国观察员的信件的复印件。他讲这些信函和其他的文件正被送往日内瓦,他希望能就平民安全区计划举行一个听证会,如果可能,把它写进国际战争法。采访结束的时候,他请求美

---

①②《纽约时报》1938 年 6 月 17 日,18 日。
③《大陆报》1938 年 7 月 6 日。

国人民在中国问题上能舍小我识大局。作为最后的一招,特别为了推动他的募捐运动,他说:"中国市场将对那些帮助中国减轻痛苦的国家敞开。"①

饶家驹与亚诺德会合,一道在旧金山进行最后一场大型募捐活动,这其中有饶家驹本人独创的方式。在当地耶稣会的帮助下,他们在整个城市里四处游说,寻求富人或生活优裕的人的支持。饶家驹没有遵循传统的劝募办法,而是设计了一个圈套,让参与活动的每一个人模拟"被捕",在答应付一笔"罚金"后被释放,"罚金"数额视每个人的情况而定。据饶家驹说:"这一切差不多是违法的,但每一个人都不愠不火,都相当情愿地付 3 元、5 元或更多。"②人们早已为这位独臂神父的个人魅力和怡然自得的神情所折服,他接洽的那些人因他别出心裁的募捐方法对他更是大为欣赏。③ 在加拿大,捐款者的响应也非常令人满意,记者们出席募捐活动现场以获得关于饶家驹募捐活动的最新独家报道,并接二连三地就中国局势向他提问。加拿大人为中国人的悲惨遭遇而进行的捐款,据报道总数已达到 70 万美元。④

这些募捐努力所取得的成效给人留下深刻印象,但中国的需要也同样触目惊心。美国总领事高思(Gauss)估计,继续推行目前的救济措施,仅在上海每周就需要 10 万元。另有估计说,每天需要 15000 元。⑤ 中华全国基督教协进会等了解情况的组织一致认为,如若筹划在全国所有地区推行救济措施,那么 1938 年的

①《纽约时报》1938 年 6 月 7 日。
②《北华捷报》1938 年 8 月 3 日。
③《旧金山纪事报》(*San Francisco Chronicle*),1938 年 8 月 1 日、4 日。
④《字林西报》1938 年 7 月 22 日。
⑤《申报》1937 年 12 月 10 日。

救济工作至少需要 1000 万元。① 截至 1938 年 11 月，红十字会和美国咨询委员会募集到 197794 美元，而美国咨询委员会和中国减灾委员会募集到了 88500 美元，合计总数为 286294 美元。另一个账目显示出了拨付给蒋夫人的款项的数量，它表明，在 1938 年 7 月 1 日至 12 月 25 日之间募集的 103292 美元中，有 60000 美元直接拨给了蒋夫人。② 美国红十字会报告说，在 1937 年 10 月 16 日至 1938 年 4 月 27 日期间，共募集资金 32 万美元，最大的一笔款项是 4 月份募集的。③ 准确地分清每一笔捐款的数量大概是不可能的了，尤其那时总是不标明何种货币，但有一点是很清楚的，由饶家驹神父发起的这一雄心勃勃的募捐计划，将大量捐款送往中国。在饶家驹返回上海后，美国又举行了更多的"一碗饭"募捐宴会。中国国庆节前后，10 月 12 日，小西奥多·罗斯福组织了几场捐款宴会。客人们被期待能捐献一笔救济款，数额不等，介于一碗米饭与一顿正餐的费用之间。

饶家驹神父从温哥华乘坐"亚洲皇后"（Empress of Asia）号轮船回家，7 月 20 日他到达下一站横滨，在那里他得到许可乘坐火车去神户。④ 在开始此次神户之行以前，据说他一直在横滨的"新格兰德酒店"（new Grand Hotel）休息。接下来发生了一件神

---

① 美国总领事高思致国务院，1938 年 1 月 17 日，美国国务院，一般档案，893. 48/1392。高思指出，上海正在进行的大多数救济工作是卓有成效的。救济区域包括长江下游地区；河南、湖北、湖南等最主要的难民区；陕西、四川、贵州、云南、广东等比较重要的难民区。山西、察哈尔、绥远尽管无法进入，但那里却急需救济。

② 1938 年 12 月 16 日，档案号：RG74，pt. 125。无论在什么地方，美元肯定都是需要的。

③ 厄内斯特·斯威夫特致国务卿，1938 年 5 月 27 日，美国国务院，一般档案，893. 48/1615。

④ 日本外交部档案 JMFA, Tokyo Archives, "Jakino Shimpu no yukue fumei jiken," pp. 0007 - 0008。

秘的事。他的朋友和同事,其中包括约翰·贝克(John Baker)博士和贾斯珀(A. S. Jasper),二人都是上海国际救济会的官员,在上海等到了他本应乘坐的轮船时,却发现他不在船上。显然,他忘了事先通知他们他已推迟或改变了原来的计划。他原定7月25日到达上海。那些满心期望欢迎他的人们试图解释他没有如期抵达的原因,说他可能希望救助神户新近发生的大水灾的灾民。

当7月27日"亚洲皇后号"抵上海码头时,船上却没有饶家驹这个乘客,于是上海的《大美晚报》报道了他"失踪"的消息。船上的官员说,他已从神户下船,打算从长崎搭乘另一艘轮船回上海。人们感到不解,纷纷猜测他的境况以及身在何处,很多人担心他已在日本遭遇不测。一则报导猜测他正与日本红十字会的工作人员会面,商谈在汉口建立安全区的计划。还有报道猜测他肯定在神户或横滨下了船,视察日本的水灾。韦迪耶(Verdier)神父是南京天主教会的会长,他收到饶家驹神父寄给他的一个包裹,邮戳显示的是长崎。人们认为他可能正在访问当地的天主教会,尽管之前没有收到消息说他有这样的计划。包裹打开后,里面是饶家驹神父旅途中随身携带的一本书和一本《读者文摘》杂志。他的朋友质疑说,为什么回信地址是神户,为什么给在上海的他寄本书和杂志?仔细查对包裹上手写的"挂号"一词,发现与饶家驹神父的字迹对不上,这使得这事更为蹊跷。这一切让各界的人都极为担心他在战时日本的安全。①

法国使馆向警察部门的官员以及日本外务省北美局第三课课长隈部(Kumabe)先生打听饶家驹神父的下落。法国总领事指

①《密勒氏评论报》1938年7月30日;《字林西报》1938年7月26日,27日。

出，他已经打听了东京和横滨两地与饶家驹神父有关的地方，并发电报给神户、首尔、上海等地询问饶家驹的下落。所有这些询问都没有下文，法国总领事希望日本帝国政府能帮忙找到饶家驹神父。

当日本当局发现他们无法说出饶家驹神父究竟在日本什么地方时，就禁止报刊杂志刊登任何有关他的文章。这样做的目的在于防止传播有可能激起公愤和暴力的流言蜚语。接着日本警方在宪兵队的帮助下，秘密地开始了非常认真的搜索。日本外务省发电报给上海和香港的总领事，告知日本正在寻找饶家驹神父。①

一位碰巧和饶家驹神父同船的乘客，提到了7月20日在横滨新格兰德酒店举办的一次宴会。宴会上有东京大主教多斯（Dos）和横滨主教尚蓬（Chambon），仅从名字就可看出席宴会的都是著名的教士，饶家驹应该出席这次宴会。他没有出席这次宴会进一步加剧了人们的担心，即：众所周知，他已在北美募集到巨额现金，歹徒肯定会因此袭击他。当然，那笔钱正通过官方渠道转拨，但忧虑和担心还是激发了很多人丰富的想象力。②

7月29日清晨，人们找到了饶家驹，当时他和一位以前在上海结识的老朋友待在一起，朋友的家在靠近神户的海边小镇垂水。这位朋友名叫藤川和夫（Kazuo Fujikawa），他是一家名叫"Mereki"的商场的经理，"Mereki"是伦敦的 August Dormier 公司在东亚的地区代表。饶家驹只好向当地警察解释了他的处境以及为什么没有能够通知他在上海的朋友，警方报告找到了饶家

---

① JMFA, Tokyo Archives, "Jakino Shimpu no yukue fumei jiken," p. 0007.
② 《字林西报》1938年7月29日。

驹。藤川和夫陪伴饶家驹前往神户警察局,听着饶家驹为他所造成的种种麻烦连声道歉。饶家驹从警方口中得知,他不在的这段时间,日本警方进行了为期三天的大搜查,仔细研究了每一条线索。[1] 他解释说在巡回募款和漫长的美国之行结束后他打算好好休息一下。在神户错过那班船后,他决定留下来休息几天。他反复强调他耽搁行程没有其他原因。

饶家驹神父在 7 月 29 日乘坐"费利克斯·罗素"(Felix Roussel)号汽轮起航,于 8 月 2 日到达上海。新闻记者迎接他的船的到来,当问起他的"神秘的失踪"的时候,据说他面带喜色,声称为所发生的喧嚣感到吃惊。饶家驹告诉人们说,在他与法国总领事和日本的警察局长取得联系后,"[在日本]余下的时间里,他每到一处总有人紧紧地跟着",他的讲话让当时原本十分尴尬的局面添上了一丝乐趣。[2]

在上海,饶家驹获知在他离开的这段时间里,他,和其他几个人一道,被法兰西学院授予奖金为 4000 法郎的"韦里埃奖"(Prix Verrière),以表彰他"在国外推广法语所作出的贡献"。[3]

---

[1] JMFA, Tokyo Archiaves, "Jakino Shimpu no yukue fumei jiken," p. 0008;《字林西报》1938 年 7 月 30 日。
[2]《北华捷报》1938 年 8 月 3 日。
[3]《大陆报》1938 年 7 月 30 日。

第七章　饶家驹安全区内的生活

　　慈善并非来自组织、法规或布道，它来自一个人，在这种情形下，此人就是饶家驹神父。

——约翰·欧（John Ou）牧师①

　　约翰·欧，原是基督教卫理公会的教徒，同时也是一位享有很高声望的法学家、政治评论家，受饶家驹神父难民工作的鼓舞，后来转入天主教会。①

　　饶家驹安全区收容的人口相当于一个中等规模城市的人口。尽管人口数量不断变动，但整个 1938 年，它还是为 30 多万难民提供了救济和安全。② 它设有一个难民委员会，在沦陷的上海中圈出的这一小块领地上自觉承担了市政局的职能。难民委员会肩负重任，包括每天为超过 10 万名难民提供食物以及水、电等公用设施。安全区是自治的，它有自己的"市议会"。饶家驹是和蔼可亲的市长。它的财政预算分为四类：食物；衣服；医院和医疗；以及其他。它有自己的警察，并设立了能够实施刑罚的刑事法庭。初期，法租界警务处在安全区设立分部，以协助维持治安。

---

① 《对华关系》(*Relations de Chine*)，1938 年 4 月，第 347 页。对饶家驹，欧牧师这样写道："饶神父的事业给我主基督增添了无上的荣耀"（"L'enterprise de père Jacquinot a rendu au Christ la plus grande gloire"）。

② 《上海文史资料选辑》，第 51 辑(1985)，第 178 页；《申报》1938 年 12 月 6 日，第 5 版。

警务活动实行三班倒,每班四个警察,负责巡逻和为安全区提供保护。上海城隍庙大佛的塑像上方刻有"海隅保障"这四个醒目的字。在业已沦陷的南市其他地方,出现一个名叫"南市自治委员会"的新的日本傀儡政府,陈云为主席,凌志丹(音)为副主席,从 1939 年 1 月 11 日开始行使权力和控制。

饶家驹建立和开办难民营的第一个行动是建立难民收容所,它坐落在他曾任教的震旦大学的校园里。该难民所被名副其实地命名为"第一难民收容所",它是由饶家驹任主席的上海国际救济会组织的,饶家驹同时还是华洋义赈会主席。日军开始进攻上海后的第三天,8 月 15 日,这个难民营成立,当时大约安置了7000 名难民,他们挤在七个匆忙搭建起来的竹子支撑的临时帐篷里。为了满足紧急需求,难民营迅速开展了各种服务,如门诊部、难民登记股、培训班、分发定额的食物和煤的供应部、安全和仲裁部。上海银行家俱乐部和上海银行公会给难民委员会提供了宝贵的资金支持。七个用于做饭、洗澡和理发的小帐篷搭建起来,组成了全部难民营的服务。[1] 后来饶家驹把这些组织和观念移植到南市安全区(即饶家驹安全区),但那里得不到外国租界特有的保护。1937 年的 9 月和 10 月,由于日益忙于南市安全区的谈判和组织工作,饶家驹把对第一难民营的实际领导权转交给他的助手潘大成,后者经常去饶家驹那儿汇报难民营的情况。另外,由于饶家驹很少有时间去难民营,他就从震旦大学派了一个更年轻的牧师每天视察难民营。[2] 国际救济会最初的副主席是陈志皋律师,总干事是黄定慧女士。它的很多成员来自当地的救

---

[1] 上海国际救济会:《上海国际救济会年报》,第 11—15 页。
[2] 潘大成:"关于国际第一难民收容所的工作",第 21 页。

助团体，另一些则来自国民党和三青团。

由于他的人道主义关怀和工作，据说饶家驹在中国难民中以"基督教救世主"或"大善人"（"Old Do Things"）而著称。在安全区的初期阶段，饶家驹向全体难民承诺，他要尽最大努力让饶家驹安全区至少开办半年以上。事实上，饶家驹安全区一直持续到1940年6月30日，到那时，大多数难民已经被遣回原籍，或是在南市永久安家落户，或是已不再需要救济或帮助。[①]

饶家驹安全区第一次开办时，饶家驹和委员会将总部设在三层楼的消防大厦。饶神父住在三楼，底层是工作人员的办公室和储存捐献食物的房间。[②] 安全区的行政结构颇具民主原则的特色。其服务和活动由中国人自己进行。难民委员会把安全区分

这座建筑是饶家驹神父在安全区内的办公地点。私人照片。

[①] 安全区关闭之时，2万名极其贫穷的难民仍住在安全区，他们最后成了无家可归的人。《上海文史资料选辑》，第51辑（1985），第179页。

[②]《申报》1938年11月17日。

为 9 个分区,每个分区由一名难民选出来的中国人担任区长。①

这个区长管理 11 个部,每部工作人员均由中国人担任。每一个分区的区长、部以及工作人员所承担的责任,包括住宿、物资、食物、水、纪律、卫生、医疗、教育、活动、遣返、文秘工作以及登记或盘点库存工作。

管理各部需要经过培训,因此安全区的行政部门对那些选出来要做各部门领导的男男女女进行基本的管理培训。警卫班和卫生队的领导也要接受特别的指导。正是这一体系维系着安置在该安全区内的公共建筑、学校、寺庙和教堂里面的 104 个难民营。一些幸运的难民在大量的空房里找到容身的房间,房子的主人早已逃到租界而让房子空置下来。

可见安全区管理是一个庞大的工程,需要大量骨干,也需要来自外国和官方机构、慈善组织及难民自身的通力合作。多数人还是意识到,将这些难民集中到有组织的难民营里是防止暴乱和城市混乱的最为有效的办法。这也是安全区之所以受到日本人欢迎的一个原因。

安全区工作的第一步是搜查每一个要进入安全区的难民是否携带火柴、枪械等违禁物品。下一步是把难民登记在册,让他们正式成为安全区社区的一个成员。计划是发给每一个难民一个徽章,上面有他(她)的姓名和编号,如有可能,还要印上在安全区的住址。当然,这样做的目的是方便与难民取得联系,并向安全区行政部门提供信息,以安排食物、住处和其他救济,而且可以在必要的时候很快地找到要找的人。下一个任务是提供给难民

---

① 《字林西报》1937 年 11 月 30 日,列出了各区领导人的名字,他们是:蒋志清、沈少明(音)、蒋超武(音)、戴忠麟(音)、景忠连(音)、徐洪康。也可参阅《新民晚报》2005 年 6 月 18 日的一篇报道,上面有亲历者的回忆。

住处和分配筹募到的口粮。很快,他们就发现,最好的办法是把籍贯相同的难民集中在一起,不管能找到什么样的住处。这就解决了由于方言差异带来的令人头疼的交流问题,有助于培养难民的忍耐和纪律性。在每一个住所,无论是寺庙、教堂、学校还是临时性的避难所,都有专门人员负责难民登记,并汇报疾病或需要引起安全区人员进一步注意的其他问题。

安全区行政部门试图集中处理捐赠给难民的物品,以便使其能得到更有效率更公平的使用。至少在最初,行政人员更喜欢人们捐献现金,这样他们就能购买急需的最基本的物品。但是,安全区的需求随时都在发生变化。起初食物短缺;后来食物数量逐渐增加,以致食物的变质和存储成为安全区面临的挑战。在上海战局稳定,进出安全区的交通运输以及通讯变得正常之前,安全区的救济需求和服务一直很不稳定。

最初,大多数难民是来自上海北部杨树浦和闸北工业区的工人。一些来自宁波、天津、青岛等港口城市的难民也临时在上海寻求避难,直到他们返回原籍。后来,战事西移,新来的难民主要来自上海附近的农村。再往后,难民从内陆地区逃到上海。

1937 年 12 月,国际救济会对安全区难民的职业状况作出如下的统计:工人,47.9%;农民,13.8%;小商贩,8.0%;学生,7.9%;商人,7.6%;无业人员,14.8%。① 这些难民来自闸北、宝山、杨树浦、南市、浦东、太仓、虹口、江湾和吴淞。要安顿这样一个劳工和农民完全混居的人群,安全区的管理机构为分清轻重缓急以及如何最好地逐条落实而奋力挣扎。国际救济会在中国海关主席李规庸的领导下,在管理和援助安全区方面发挥了重要的

---

① 国际救济会:《上海难民救济工作总结报告》,1937 年 12 月出版,第 53 页。

作用。上海国际救济会中极为重要的救济组由饶家驹和隶属救世军的马瑞山准将（Brigadier B. Morris）共同主持。柏韵士（Hans Berents）是他们最重要的助手。

难民的遣返

难民委员会不断考虑的首要问题就是减少安全区难民的数量，所有人都意识到难民营已是人满为患，岌岌可危。负责照料来自家乡的难民的同乡会，在遣返难民的工作中起了关键作用。宁波同乡会遣返安全区的难民回宁波的事例曾被引用。这些团体编纂了非常有用的安全区同乡难民名录。根据难民名录，就能了解谁是难民，难民的数量是多少，他们需要什么，也就更容易提供帮助和救济。① 把难民的资料登记分类也有利于规划难民的遣返和运送。

集中和分发食物

饶家驹神父说服法租界当局为安全区提供水，这样难民就可以一天用桶取两次水。一个中国救济组织计划改建一个旧火炉来为安全区提供热水和茶水，预定的卖水时间是：上午 7：30 到 10：00，下午 2：00 到5：00。这一服务保证了安全区内的所有居民的起码的生活质量。最终，安全区建立了 24 个开水房，为 104 个难民营和 4000 个家庭提供服务。

饶家驹任命潘志杰为他的秘书，协助他确保安全区的日常活

---

① 国际救济会：《上海难民救济工作总结报告》，1937 年 12 月出版，第 53 页。

动能顺利进行并汇报安全区所遇到的困难。西方组织负责食物
的供应,从一开始食物就非常短缺。每个难民每天的口粮包括两
个馒头和两块大饼干。① 中国的同业公会也在他们的会所里为
其会员提供食物和住处。一个儿童慈善组织建立了一个能容纳
1000 名儿童的青少年中心。

由于在安全区周围的南市其他地区的激烈战斗,安全区变成
了一座孤岛,与租界的联系和交通非常困难。由于车辆极其短
缺,加上法租界容许打开北门送进物资的时间非常短,所以食物、
衣服和其他必需品的运送受到很大限制。国际红十字会设法穿
过租界的边界,送来大豆和干咸菜。

难民委员会不得不阻止法租界居民在西大门给难民扔投食
物的惯常做法。通常情况下,总是年轻力壮的人最先抢到食物然
后卖给他人牟利。这让体弱者和儿童完全无法得到食物,一些人
甚至在争抢食物中受伤。最好的做法是把食物送到捐赠中心。
难民委员会尽最大努力通知难民他们可以免费从捐赠中心领到
食物。

由于各种组织的运作逐渐正规化,9 个区中的每一个区都建
立了大米分发中心。城隍庙成为重要的分发中心之一。最大的
分发中心是豆米业公会。安全区内共开办了 24 个大米分发中心
和 24 个集体食堂。每一个中心通过票券制度把大米分给最穷的
难民,每个难民一天可以领到一张面值 5 分的票,相当于 6 盎司
大米,儿童每天是 4 盎司大米。难民中负责分发的人在每一张票
上盖章和签字。自设立之时起,这些分发中心也是为难民提供其
他服务的有效和必要的渠道。另外,票券制度也提供了每一个区

① 国际救济会:《上海难民救济工作总结报告》,1937 年 12 月出版,第 53 页。

难民的准确数字。当一个难民用票来领取食物时,他就被计入人口统计中。有些买得起米的人发现米价很合理,但烧饭所需的燃料却很贵,因而就不再去买米了。当难民在当地的分发中心领取每日的大米后,分发中心也会给他们衣服或药品。①

在寒冷、潮湿的冬天,送饭车把包在结实的纸袋里的热气腾腾的米饭、卷心菜和少许肉,送到安全区内一些最困难的地方,通常是无法离开家人或生病的难民的屋里。由于存放在封得严严实实的木桶里,因此能够保温。有时为了加快发放速度,送饭工人实际上只能把饭包从车后扔到伸出的一双双正在等候的手中。当救世军的工作人员从送饭车上下来时,迎接他们的是人们礼貌而又热情的问候。孩子们把热饭袋抱在怀里,用它给冰冷的身体取暖,这通常是他们一天中仅有的一次取暖机会。救世军在照料难民,尤其是租界里的难民方面发挥了重要作用。

饶家驹经常领着新闻记者、地方官员和感兴趣的团体参观安全区。安全区因此得到很有用的宣传。在向观众展示安全区在照料难民方面所取得的众多成就时,饶家驹的自豪感也会油然而生。记者爱德娜·里·布克(Edna Lee Booker)和她的丈夫曾来安全区采访过饶家驹,陪同二人来的业余摄影师们打算为饶家驹拍一部关于安全区的纪录片,在他的美国募捐之行中放映。爱德娜这样描述进入安全区的过程:穿过法租界带刺的铁丝网,进入日本人控制的与安全区交界的地区,那里有端着刺刀的日本士兵,他们检查了我们的通行证。"每一个难民的花费如此之少,但作为整体需求是相当大的,"饶家驹在接受记者采访时告诉他们

①《字林西报》1937年11月27日。

说,"一美元就能为一个中国人提供一个月的廉价食物和医疗服务。如果再多一点,就能让一个农民有足够的种子和农具,让他在他的小农场上再次耕耘收获。"①

"他们应该得到更多一些,但我们能给的只有这么多了",饶家驹站在一口烧开了的粥锅旁,一边对来访的外国记者说着,一边摇着头。②

饶家驹正带领客人参观安全区。照片出处:《东方事件》(1937 年 12 月)。

饶家驹最擅长从他的拜访者那里获得同情和支持。就在安全区建立后不久,国际红十字会驻中国的代表卡拉姆(L. P. Calame)在 11 月参观了安全区。很显然,他被这位耶稣会神父深深打动了,他形容饶神父有着古代士兵或骑兵军官般的容貌和举止;卡拉姆说,没有了右臂,"他酷肖一位来自法兰西第二帝国的人"。他还栩栩如生地向红十字会代表讲述了安全区的居民及其情况。他描绘了拥挤不堪的街巷,里面充斥着衣衫褴褛的孩子,在门口母亲和她们的婴儿挤作一团,婴儿的脸冻得就像木乃伊一样。在一座古老的寺庙里,他们发现很多家庭生活在桌子底下,像一窝小猫一样挤在一起。他得

① 布克:《新闻是我的职业》,第 303 页。
② 冯齐:《上海与外界》,第 272 页。

知了很多家庭是怎样失去家园、生计乃至家人的,他们的家人不是死去就是失踪了。感觉到代表团被弥漫于安全区的悲惨生活气氛所震撼,饶家驹带领他们返回到大街上。除了负责治安的警察巡逻通过之外,这些荒凉的街道仍是空无一人。

在多次访问安全区之后,卡拉姆在与国际红十字会的通信中请求筹备一次以饶家驹安全区为研究案例,集中探讨保护战时平民的新外交会议。他把"饶家驹安全区"作为一个术语,详尽提供了饶家驹安全区的形成过程,其中包括谈判在内的细节。他劝国际红十字会率先发起一个运动,为保护遭遇现代战争恐怖的平民"敲响警钟"。

衣物分发委员会

1937 年和 1938 之交的那个冬天,上海格外潮湿阴冷,这给难民和那些帮助他们的人增加了额外的负担。有人说这是自 19 世纪中叶太平天国起义以来最冷的一个冬天。可以想象,给 20 万流离失所、一无所有的难民提供过冬的衣物是多么的困难。国际红十字会设法分送了 1500 条毯子和 5000 件棉衣,但这远远不能满足需求。①

衣物分发委员会的负责人是牛惠生夫人,②她是上海一位远

---

① 《申报》1937 年 11 月 24 日。
② 即徐亦蓁(1894—1981),江苏昆山人。早年毕业于南京金陵女子文理学院,后赴美国留学,1923 年获纽约哥伦比亚大学教育硕士学位。回国后在上海从事教育工作。1924 年与骨科专家牛惠生医生结婚。1928 年任金陵女子文理学院董事会主席。抗战爆发后,任国际红十字会上海分会执行委员、难民营衣服工作组负责人。新中国成立后赴美,在美国俄亥俄州西方女子大学任教。1981 年 2 月 1 日,在佛罗里达圣彼得堡市疗养院去世。——译者注

近闻名的富人。在听说了她曾取得的众多成就后，饶家驹让她做该委员会的负责人，负责难民衣物的分发。深知上海冬天刺骨的潮湿和阴冷所带来的种种不适，牛夫人设法从香港获得 71 袋人们捐献的衣服，她和她的朋友杜小姐（Misses G. F. Dyu）和陈王立明对能穿的衣服进行分类。随着捐赠衣物的增多，她争取到南京金陵女子文理学院上海校友的帮助。大多数衣服脏污不堪，她们穿着病号服，戴着口罩，清洗衣服并对其进行分类。捐赠的衣服确实得到利用的消息传出后，新加坡捐献者如法炮制，给难民送来数千袋衣服。[1] 在取得这一令人敬佩的成就后，牛夫人担负起安全区有关衣物方面的职责。她的同事张玲（H. L. Chang），金陵女子文理学院和威斯康星大学的毕业生，负责衣物的分发。

饶家驹神父同安全区 8 万名难童中的一些孩子在一起。照片由法国南特耶稣会档案馆提供。

在捐赠的衣服中，有一些是不合当时南市季节的夏装。解决的办法是，把两三件相同尺码的衣服缝在一起做成一件夹衣。牛夫人说，挑选、比对、缝合以做成一件夹袄，既不会造成浪费，还通常会做成一件样子相当美观的衣服。色彩鲜艳的印花面料做被面的棉被尤其受到难

---

① 《教务杂志》，1938 年 2 月，第 67—68 页。

民的欢迎。美国妇女公会（American Women's Club）帮助缝制被子，圣心小学的修女们也加入了缝制被子的行列。中国妇女会捐出 200 美元以雇用更多的"缝纫女工"和购买棉花胎。很快缝制衣服的人数就扩展到 200 人。牛夫人估计，从 1937 年 12 月 7 日到 1938 年 1 月 10 日，缝制和分发的新旧棉衣的数量，饶家驹安全区是 4 万件，公共租界是 17000 余件。① 尽管如此，难民还是因受冻而生病，御寒的衣物依旧是一大急需。

当资金稍充裕时，难民委员会决定不再要求人们捐献现金，而是捐献衣物。难民有了足够的衣服、炊具和其他值点钱的物品。很多难民想要将多余的物品卖掉或是典当以换取额外的现金，但几乎没有这样做的机会。当铺早已搬到商业更为繁荣的法租界，由于边界管制和门禁，难民很难进入法租界的当铺。②

清洁与卫生

中国佛教红卍字会承担起很多工作，如打扫街巷、收集并掩埋尸体等。每天都有一辆卡车来搬运尸体。据估计，平均每天有 10 个难民死亡，其中一半是儿童。③ 安全区成立各种小队来处理卫生工作。清扫队对难民睡觉的地方进行清扫和消毒，并把所有的被褥拿到户外曝晒。每月还要滚煮被褥消灭臭虫和虱子。卫生服务队的领导多数是女性，她们动员儿童捡拾垃圾、消灭苍蝇。安全区里有 8 万名儿童，不久之后来参观的人就称赞安全区的街

---

① 《教务杂志》，1938 年 2 月，第 67—70 页；《申报》1937 年 11 月 29 日。
② 《申报》1937 年 12 月 6 日；"饶家驹安全区"，《国际红十字会报告》第 217 号，1938 年 3 月 15 日，第 1—6 页。
③ 《申报》1938 年 12 月 14 日。

巷真是干净。①

　　所有的成年人和年龄大一些的孩子都接受了安全区行政部门关于保健和卫生方面的培训,卫生管理事关维护安全区难民的身体健康。根据经验,1000 个难民共用 20 个马桶,也就是说,每 50 个难民用 1 个马桶。这些马桶必须每天倒空并用消毒剂清洁。处理安全区垃圾所采用的方法是很多军事组织曾使用过的"堑壕体系"。男人们组成的服务队用铁锹和桶挖沟并铺上石灰,然后供难民使用。这样,在上海一度恶臭难闻非常不卫生的地方很快就得到治理,安全区得以保持卫生和清洁。

教育委员会

　　安全区里许多地方都有难民学校,如:寺庙、教堂、公会会所、学校和公共建筑。难民学校的条件因地而易。最简陋的难民学校,学生可能会坐在地上、粗糙的长凳上或是由委员会提供的铁皮饼干筒上。比如一个学校,晚上是宿舍白天是教室。学生坐在黑板前的地上,全神贯注地学习算术、语文、"基础知识"以及急救课。由于缺少合格的老师,高年级的学生在接受老师讲授的内容之后再去教初学者。很多教师在他们任教的学校被战火夷为平地后沦为难民。这些教师没有薪酬,和其他难民吃住在一起。

　　最早的一所为儿童开办的难民学校是 1937 年 12 月开学的,地点就在今天的豫园,有 100 多个儿童入学。年龄最小的孩子学习最基本的汉字。安全区管理部门把难民中的孩子分成两组,1—4 岁为一组,共有 3 万人;5—14 岁为另一组,共有 5 万人。豫

---

① 《申报》1937 年 11 月 24 日。

园的这个学校招收的学生肯定是年纪比较大的孩子,因为他们使用的课本是由有名望的商务印书馆提供的。[1] 中国儿童福利会积极救助那些年龄稍长的,尤其是无家可归的孩子们。这些大孩子和成年人一道,学习礼仪、唱歌、戏曲、道德规范以及公民意识。大家在一起唱一些熟悉的爱国歌曲和民间歌曲,是所有难民在晚饭后最喜欢的活动。

难童正在学习手工艺。照片出处:《国际救济会总结报告》(1940)。

　安全区管理部门知道,必须让难民的生活紧张而充实。饶家驹神父强调说,难民需要学习一些实用的技能,一旦形势稳定下来,他们凭此就能找到工作。为此开设了诸如编筐、结草绳、做纸花、编草鞋、做鞋、裁缝、刺绣等手工艺课。一些中国商人想在安全区再次开业,他们成立了一个委员会协调生产和供应,并推举

---

[1]《申报》1937 年 11 月 27 日,12 月 10 日。

主事人维持安全区内的秩序，为做生意创造必要的条件。① 孩子们把做得最好的一些纸花和编织品拿到街上叫卖。妇女们学习针织以及如何制作发网和驱蚊的盘香。识字的男人们组织了一个墙报编辑委员会，并开办了一个报纸阅览室。一些人参加了运动队。体操和运动受到那些体格强健的难民们的欢迎。

学校也是难民有机会进行交往的一个场所，在这里甚至可以找到一些快乐。难民中有中国共产党的年轻人，他们在难民营中积极传播时事，进行宣传，并发展新党员。② 大量的年轻人被围困在难民营中，为中国共产党物色新成员和发展工作提供了良机。后来的难民遣返计划为中国共产党的活动提供了更大的空间。当上海周边的形势变得较为安定，难民们被遣返回乡，那些有过难民营经历并受过培训的人回乡后也更有能力应付生活。有些人逐渐发挥了他们在难民营学习到的技能，在中国共产党或国民党内获得提拔。③ 根据中国最近的报道，在难民遣返工作进行之际，饶家驹安排 88 个年轻的难民在 1939 年参加了中国共产党领导的新四军。④

医疗服务

阴冷潮湿的天气，凛冽的冬日寒风，加上拥挤不堪的居住条件，使得医疗看护成为安全区里的重中之重。中华医学会在安全

---

① 《申报》1937 年 12 月 3 日。
② 上海公共租界工部局警务处档案，D7623。
③ 《革命史资料》，第 65 页。
④ 《新民晚报》2005 年 6 月 18 日。

区新设了两所医院,一所是综合医院,一所是妇产科医院。一辆流动图书馆式的卡车改装作为产房,直到设备齐全的新妇产科医院建成。战争使杨树浦医院难以为继,医院的设备被转移给安全区的妇产科医院。中比庚款委员会(Sino-Belgian Boxer Indemnity Commission)赞助了设备的转移。综合医院位于一座空弃但精致的中式房子里,主要收治儿孩和妇女。除了自己有一口水井外——这是相当奢侈的,它还有40张床位和当时最好的诊所医疗设备。在医院工作逐渐繁重之前,最初的医疗和行政事务均由朱世恩医生负责处理。① 后来,在相邻的楼里开办了分院,有45张床位,负责收治难民。就诊的难民的病例显示,大多数病人患的是营养不良、肠道疾病和肺病。

在儿童医院尚在筹办之时,严重的小儿科疾病患者会被送到法租界上海市政府开办的"难童医院"。最好的儿科专家富文寿医生是这家医院的负责人。在安全区内,难民疾病的治疗和诊断是免费的,安全区内的一家诊所执行强制性的接种疫苗的计划,预防霍乱、伤寒和天花。为鼓励难民参与并帮助他们克服对接种疫苗的恐惧,安全区当局出台了"奖励"措施,规定只有接种了疫苗的人才能得到珍贵的定量供应卡。奖励措施出台后,这家繁忙的诊所每天要为300人接种疫苗。

住在难民营中的难民第一次接触到西药,很多人对西药的疗效和安全持怀疑态度。一些人对服用西药不习惯,于是就质疑西药用在非西方人身上是否会起作用。由于对西药的盲目恐惧,病人有时在强迫下才接收西医治疗。为人数庞大的难民治病的中国医生非常之少,这使得问题愈加恶化。一旦医疗队开始工作,

---

① 《申报》1937年11月18日、23日。

效果有目共睹,于是难民蜂拥而至要求就诊,有些只是些头疼脑热的小毛病。

天主教会组织和慈善团体在安全区的医疗服务方面起了开创性的作用。它们还努力促成家庭团聚,帮助难民张贴寻找失散亲人的启事。在难民工作中最积极的是:圣方济各会的耶稣圣心修女会(Franciscan sisters of the Convent of the Sacred Heart)、圣文森修女会(Sisters of Saint Vincent de Paul)、圣母小昆仲会(Petites Franciscaines de Marie)、拯亡修女会(Auxiliatrices du Purgatoire)。修女们致力于医院的护理工作,同时也开办了药房。① 方济各会的修女们每天有 10 张进入安全区的通行证。

除了给婴儿带来牛奶、给儿童带来鱼肝油外,修女们还要亲自照料染上重病的患者。她们是饶家驹神父在医疗服务上的得力助手。医护人员与病人之间的联络,大部分依靠耶稣会士和方济各会的修女们。她们每天随身携带着阿司匹林、小苏打、碘酒等简单的药品在安全区巡视。无论何时,只要有可能,她们还要设法让悲哀压抑的气氛变得轻松一些。很快安全区大街小巷里的人们都认识了她们。有时候,遇到重病患者急需送院救治,但无力支付黄包车的车费或者医院正好没有床位,她们就要想方设法处置。难民的医疗工作困难重重,但到 1938 年 6 月,一个来访的视察团给安全区开出合格证,上面特别提到,虽然安全区阴冷拥挤,但那里一直没有出现传染病。②

---

① 《对华关系》(Relations de Chine),1938 年 4 月,第 341 页。
② 《大陆报》1938 年 6 月 23 日。

纪律委员会

当难民进入安全区社区时,他们被告知饶家驹安全区特有的规章和程序,并被告诫,这些规章和程序是必须遵守的。由于安全区极其拥挤,资源短缺,尊重并遵守这些规章是必不可少的。难民营的日常作息简单,而且安排合理,使难民营的生活具有强烈的秩序感。当时的规矩是每人早上 6:30 起床,而且要先上一堂卫生课,也就是大家要尽可能地洗刷干净。紧接着,一个由大约 50 名难民组成的卫生队开始对难民营的房屋和地面进行日常打扫工作。所有的被褥都要卷起来,地面要清扫干净。接下来是大人和小孩做早操和游戏。① 学龄儿童分班上语文课以及其他课程。学习最好、年龄又稍长的学生巡回到不同的难民营为那些不识字的人读当天的报纸。晌午,在各种活动和上课结束之后,难民开始他们一天中的第一顿饭。会做饭的人负责做饭,如果会做饭的人不够,安全区管理人员就挑选出一些难民进行培训,让他们承担这一要职。下一顿饭,也是最后一顿饭开在下午 5 点,开饭之前,成人和大孩子们的注意力都放在培训和教育活动上。这些活动包括配有图片的讲演、戏剧活动以及同难民营生活相关的特别演出。

遇到难民破坏规章制度或是违反安全区的行为准则,饶家驹神父有其独特的惩戒办法。例如,曾有报道说,有几名抢劫者在安全区被抓获。让众人吃惊的是,饶神父并没有把他们关进安全区的临时监狱,而是在他们的脖子上挂上标明其罪行的牌子,在

---

① "上海难民营",伍立夫档案,第 4 页。

安全区游街 3 天以警戒他人。在大庭广众之下丢尽脸面之后,他们被释放了。他还下令要让罪犯在关押期间吃饱饭。饶家驹神父处理的另一起大案涉及到 3 名在安全区入室抢劫的盗贼。他判他们挂牌游街 3 天,之后又罚他们在大街上清扫垃圾 3 天。①在这个大型的中国难民社区内,"羞耻"这一中国传统利器看起来还有其威慑作用。

难民之间的纠纷在安全区内是家常便饭,饶家驹神父在调停争执方面是一个关键人物。由于需要调停和理性和解的难民争执数量极大,人们曾商议过要设立第二特区法庭的安全区分庭。第二特区法庭的总部在公共租界。在这一方面,安全区的纪律委员会竭力协助安全区的管理当局,但纠纷很多,总是积案如山。

饶家驹曾领着驻扎在上海的英国驻军(British Defense Forces)司令特尔弗-斯莫利特少将参观安全区。他们来到住着很多难民的城隍庙,观看了礼佛的宗教仪式。在熙攘的人群和缭绕的香烟中,这位英国来宾向饶家驹赞叹说,在如此拥挤不堪的条件下,难民却保持着良好的秩序。整洁有序的街道让人很难想到这是战时难民区。其他的参观者也对饶家驹的人格魅力和在与日本卫兵交涉时表现出的大无畏精神表示赞叹。

一些难民领导对安全区内难民四处流动表示担心,建议设置关卡控制人员流动,甚至有议论说要在安全区周围和其他地区之间建一道栅栏。根据提议,难民在通过拟建关卡时须出示身份证。② 设卡的计划,尽管对安全区管理部门很有吸引力,但却遭到难民的强烈反对,他们非常珍惜在安全区内四处走动的自由。

———————————

① 《大陆报》1937 年 11 月 19 日,20 日。
② 《申报》1937 年 11 月 22 日。

饶家驹与英国驻军司令特尔弗-斯莫利特少将在一起。照片出处：Peter Kengelbacher, Shanghai 1937: Photographs of Karl Kengelbacher (1998), p. 88.

这种行动自由是难民真正能够享受到的一大奢侈。与饶家驹安全区形成鲜明对比的是，外国租界里的很多难民营只允许难民每周请假一次，接待一次来访者。一些难民营规定禁止难民离开难民营，除非证明有急事。在饶家驹安全区内，几座难民营分处区内不同场所，但难民营之间或安全区之内的人员流动均不受限制。

1938 年春，局势稍稳定，中国商人开始返回南市和安全区。南市商联会从法租界当局获得许可，经确认的商人可以自由进入安全区。到过安全区的人说，那里的商业乃至娱乐活动都在恢复。安全区的大街小巷两侧全是叫卖的商品，有钟表、旧衣服、壶、平底锅、手工艺品和玩具。在其他地方，那些玩鸟的人，提着鸟笼蹓跶，交流心得。饶家驹安全区显现出一丝生机和活力。当 1939 年初饶家驹带领法国新任驻华大使高思默（Henry Cosmé）参观安全区时，后者观察到，在南市这座中国老城内，除了安全区外,其他地方死气沉沉。在安全区内,商人在叫卖,墙角的地摊在招揽买主,冲淡了悽惨的气氛。他称赞饶家驹是安全区的建筑师,给法国带来了荣耀。①

　　饶家驹安全区内有着迷宫般弯曲的弄堂、寺庙和市场——甚至鱼市,虽然鱼是怎么运到那里的还是个谜——难民可以自由地生活在一个他们熟悉的中国文化氛围中,与在租界其他难民营里的难民境遇大不相同。毫无疑问,生活依旧艰难,拥挤的居住环境始终存在着瘟疫的威胁,但是,环境安全、熟悉,行动自由和生活的基本需要至少有了保障。在一次令来访者动容的访问中,虽然南市难民遭受战乱的身心摧残尽显无遗,但饶神父自豪地对他的法国客人克洛德·里维埃(Claude Rivière)说了这样一句话,"日本人无权进入这里[安全区],此处飘扬的是法国国旗和红十字会的旗帜。"②

---

① 《字林西报》1939 年 4 月 29 日。
② 法文《上海日报》,1937 年 11 月 14 日。

第八章　最后的日子和遗产

　　看看谁在公开场合和私下里一向最有道德，谁一直在努力、在尽力，要把高尚的事业完成，应该把这人看作最高贵的人。

　　　　——乔叟:《坎特伯雷故事集:巴思妇人的故事》

　　到 1940 年,上海及周边地区的局势已经稳定,安全区内的大多数难民已经返乡。6 月初,人们开始讨论撤除饶家驹安全区,尽管它在难民服务方面有口皆碑。① 由于大约仅有 15000 名中国人还留在安全区里,难民委员会从 1940 年 6 月 30 日开始不再继续收留和救助难民。在获知这一消息后,在重庆的国民政府希望饶家驹神父能够为他们工作,至少他能继续留在中国,并询问法国当局是否有此可能。中国财政部长孔祥熙正式提出了这一请求,他与这位备受欢迎的神父一直有着着密切的工作联系,认为饶家驹是一位可以托付重任的盟友。法国驻华大使高思默很快就告知孔祥熙,巴黎教会当局以饶家驹的健康为由坚持要他回国。② 耶稣会和法国当局进一步解释说,随着安全区的关闭,上

---

① 《上海文史资料选辑》第 51 辑,第 183 页。
② 法国驻华大使高思默致巴黎电,1940 年 6 月 5 日(♯399);致重庆电,1940 年 6 月 19 日(♯454)。南特法国外交部档案馆,法国驻北京领事馆归国档案,档案号:ser. A, box 81.

海地区的形势已不同于战时,没有必要再继续维持因应紧急情况而成立的机构了。

重返巴黎

要求饶家驹神父回国而没有没有明说的原因是,耶稣会目睹了饶家驹最近几年在上海参与政治的程度,对此他们很担心。[1]巴黎的耶稣会,某种程度上甚至上海的耶稣会都认为,尽管饶家驹救助难民的职责似乎需要参与政治,但是,他让自己在上海乃至重庆的政界和军界涉足过深。教会的这种态度是饶家驹不能不理会的。事实上,在华外交官甚至神职人员中均有人对饶家驹的成就经常流露出小小的嫉妒。对他们的态度和指责,他能忍受或不予理睬。但对耶稣会表达的保留意见,即使这些意见是短视的,饶神父必须表示尊重。他只得放弃继续留在中国的念头。饶家驹公开解释说,由于自己的祖国正遭受德军的进攻,他才作出这个困难的决定,离开上海返回欧洲,投身于法国的救济和救护事业。[2] 1940 年 6 月 16 日,在一大群仰慕者的欢送下,饶家驹神父从上海登船,离开了上海,他的壮年生涯的大部分时光都是在这座城市里度过的。[3]

饶家驹在中国呆了 27 年,从来没有回过祖国。在他离开祖国的这段时间里,法国发生了很大的变化。特别是在 20 世纪 30 年代,大萧条让法国遭受重创,将法国民族主义危机推到了灾难

---

[1] 高思默的电报,1940 年 6 月 5 日,♯399。

[2]《北华捷报》1940 年 6 月 19 日。

[3]《旧金山纪事报》1940 年 8 月 1 日。饶家驹在旧金山短暂停留,当时他住在旧金山大学,当地报纸介绍并赞扬了他在上海的工作。

边缘。普遍的不安和不满导致 1936 年勃鲁姆(Léon Blum)总理领导的社会主义政府的成立。法国天主教徒认为这个政府由左翼、社会主义者和犹太人把持着,于是感到恐惧。生活优裕的上层诅咒布尔什维克的幽灵,愤怒的劳工进行抗争却没有实质性的成果。勃鲁姆政府在执政一年后垮台,而法兰西第三共和国在风雨飘摇中挣扎之际,德国人加紧重整军备。

1939 年 9 月 1 日德国进攻波兰,第二次世界大战在欧洲爆发了。英法对德宣战,法国军队固守其"静坐战"的战略,躲在他们伟大的"长城"——马其诺防线的背后,自信有把握取得防御战的胜利。至少到这年春天德军迅速攻占挪威、丹麦、荷兰和比利时之前,法军还很有理由保持自信。但德军随即翻越阿登山区,绕过马奇诺防线,突入法国北部,在 1940 年 6 月 13 日占领了巴黎。法国政府认为继续抵抗已是徒劳,于是在 6 月 13 日同意与德国签署停战协议。停战协议带来的结果是,德国占领了法国北半部。第三共和国控制着剩下的南部地区,首都迁往维希。领导这个新成立的傀儡政府的是年届 85 岁的一战时保卫凡尔登的英雄亨利·菲利浦·贝当(Henri Philippe-Petain)元帅,以及政治家皮埃尔·赖伐尔(Pierre Laval)。

建立巴黎安全区的希望

饶家驹返回巴黎,他怀着一个强烈的愿望,即千方百计地运用他在上海的成功经验来保卫巴黎,为作战贡献一份力量,但他面对的情形却极其繁杂。在上海,他广为人知,颇有影响,并受到地方各派势力的尊重。对他来说,巴黎的氛围和挑战全然不同。首先,法国耶稣会各种官僚机构的领导人都是经验丰富的神父,他们各有自己的看法和主张；其次，尽管巴黎的上司和同事都知道他在上海开展难民救助工作期间所取得的巨大成就，但他在1937年的巅峰成就及其世界性的声誉已是过去式了。除此之外，耶稣会对饶家驹特立独行的风格甚至他以往的成功都抱着模棱两可的态度和担心，也是不容忽视的事实。

为了自身调整并适应法国大都市的新环境，饶家驹同日内瓦地方协会里他的支持者取得联系。在法国上层，他也不是没有自己的关系，为此他做了精心的准备。他争取到了即将成为巴黎市议会主席的皮埃尔·泰廷哲（Pierre Taittinger）的注意和兴趣，皮埃尔·泰廷哲是以他的名字命名的法国著名香槟酒厂的创办人。饶家驹考虑到成立一个"巴黎委员会"来研究是否有必要成立一个保护城市和协调救援的组织。饶家驹的建议是仿照上海安全区的模式，建立一个"巴黎安全区"。泰廷哲同意听取饶家驹的建议，并被打动，开始着手研究这个问题。他在巴黎市政厅组织了一次聚会来商讨和考虑饶神父的提议。

很多关键人物参加了聚会，参加者有日内瓦地方协会的主席凯莱博士（Dr. Caillet）以及随行人员、法国副总理皮埃尔·赖伐尔、法国红十字会的鲁斯利耶（M. Rousselier）、泰廷哲和他的副手们，当然还有饶家驹神父。会议开始后，凯莱博士做了一个简短的发言，解释了他的组织的性质和宗旨，接着会议转向饶家驹。饶家驹利用这个难得的机会阐述了"日内瓦地方协会"这个概念是怎样在上海完全变成现实的。他说，在建立安全区方面，巴黎的条件远比上海有利得多，在上海，无论怎样努力，日本占领当局与中国政府领导人都无法就分歧进行沟通。他在报告中谈到，外国的使节、军官和官员是如何努力，但始终无法把中日交战双方带到一起，而他又是如何介入谈判成为一名中立的调停人的。上海地方当局同意他在 1937 年的战争危机中扮演关键角色，是因为他以前在军事冲突中曾为交战双方斡旋并达成某种和解。他描绘了上海的当时的困难情形，租界与成为战场的华界只有一街之隔。他还详细讲述了安全区建立后所开展的救济活动。分发食物和药品，建立诊所进行疫苗接种，这些内容听众似乎特别感兴趣。他反复强调上海的实例对巴黎创建类似的安全区极具参考价值。[1] 但是，文档中提到的事件表明日期当在 1941 年 6 月左右。得出这一论断的主要依据是，文档中提到 6 月 24 日就相关问题在国际饭店召开的"维希政府最后一次会议"。在简短地谈了谈汉口安全区后，饶家驹结束了他的会议发言，他让与会者相信，在上海所取得的一切同样能在巴黎复制。为感谢饶神父的会议发言，泰廷哲评论说他的报告给予他们的不是教义或哲学，而是可以实践的案例和经验。[2]

接下来，鲁斯利耶谈了法国红十字会对"日内瓦地方协会"的看法。他讲述了 1938 年在伦敦召开的国际红十字会第 16 届大会的决议，即上海的饶家驹安全区第一次被提议作为保护平民免受战时空中轰炸的成功范例。正是根据这次大会的提议，饶家驹安全区的模式被中国其他战区仿照，大会提议中还包括用蓝底红十字的红十字会会旗作为安全区边界标志这样的细节。[3] 国际红十字会这样描述饶家驹神父的外交努力：在把协调中日双方解决难民危机方面取得了"令人难以置信的成功"[4]。国际红十字

---

[1] "保护巴黎的会议之报告"（机密），共 2 页，没有日期，藏于 JA。
[2] "保护巴黎的会议之报告"（机密），共 2 页，没有日期，藏于 JA。
[3] 《红十字国际评论》(*Revue Internationale de la Croix-Rouge*)，第 254 号（1940 年 2 月），藏于美国国会图书馆。
[4] 《医院位置与安全区》，国际红十字会文件，第 15 页。

会指出，饶家驹安全区本身是一个完全独立的组织，正是它的成功让伦敦大会通过了开创性的"安全区决议案"。

鲁斯利耶在会议结束的时候提到，1940 年 5 月在维希召开的会议上，法国政府对国际红十字会主席马克思·胡贝（Max Huber）起草的备忘录作出了正式的回应。[①] 反思饶家驹在上海的工作，胡贝要求各成员国就以下四点提出书面报告：战时保护平民的原则；安全区的建立；红十字会参与的价值；对帮助平民的红十字会工作人员的保护。[②] 显然国际红十字会对收到的报告并不完全满意，它随后又向各成员国提出一个问题，但这次强调要提出更具体更实际的建议。[③] 阻碍建议和计划得到实际执行的根本问题是，支持一项提议或倡议的真正的力量到底是什么。因为仍旧在 1929 年《日内瓦公约》的框架之内工作，国际红十字会只能表示，关于保护平民的新决议对国际社会是一种强大的公共道义力量。当然，真正需要的是这些决议得到切实的尊重和实施。

赖伐尔坚持认为，将以前的讨论和目标放到一个更宏观的尺度上。他想将战时平民保护项目扩展到整个法国。由于他的这种大视野，他把保护巴黎的计划仅仅看作是进一步讨论和全国性行动的起点。[④] 凯莱也在会议结束时说，对于会议要传递的信息，公众舆论已经成熟，应该要求相关各国恪守提出的原则。会

---

① 送给各国政要和所有的国际红十字会分会传阅的通报，第 356 号，1939 年 4 月 20 日。《红十字国际评论》，第 249 号（1939 年 9 月），第 763 页，藏于美国国会图书馆。国际红十字会是亨利·杜南于 1863 年在日内瓦创立的。到 1919 年，它在 63 个成员国，在成员国之间协调服务和资源。到 1939 年，它的会员总数达到 2000 万。

②《红十字国际评论》，第 244 号（1939 年 4 月），第 344 页，藏于美国国会图书馆。

③ 同上书，第 290 号（1943 年 2 月），第 145 页；第 299 号（1943 年 11 月），第 902 页，藏于美国国会图书馆。

④ "保护巴黎的会议之报告"，藏于 JA。

议没有提及的是,他们当时所处的现实环境。大多数人都明白,必须修订《日内瓦公约》,纳入战时保护平民和建立安全区等内容,而条约必须得到缔约各国有关当局的支持,还要表述清晰并且能被一致通过。否则,他们唯一能够做的就是大力宣扬这一提议的道德力量。

自己的提议受到高度关注,饶家驹肯定是信心倍增。在接下来的一段时间里,他继续告诫人们,尽管德国只侵占了法国的部分领土,但空袭的威胁仍随时存在。每个人都意识到,物资极为短缺,一直缺乏对市民的基本食品和其他必需品供给的协调工作。指出这些缺点,饶家驹是希望能继续推动他的目标,那就是建立一个安全区并让它发挥作用。

饶家驹本来还有一次机会把安全区计划介绍给有影响的听众,这是定于 1942 年在斯德哥尔摩举行的下一届也就是第 17 届国际红十字会大会。国际红十字会大会通常每 4 年开一次,战前决定了会议的时间,随着欧洲卷入不断扩大的战火,大会不得不延期举行。面对战争、毁灭性的破坏以及战争后期的巨大的难民问题,国际红十字会决定在战争结束前不再举行大会。红十字会的主要精力都集中在就战俘和滞留他国的平民与交战国进行谈判。这也是因为各会员国的官方代表频繁请求红十字会访问战俘营里的囚犯,并与其他国家红十字会总部的官员交流经验。[1]各成员国的代表也纷纷提出请求,希望能到日内瓦国际红十字会

---

[1] 1937 年到 1940 年,美国帮助中国募集到 1328940 美元的捐款。除了钱,还有药品例如奎宁,救护车和衣服。1938 年底汉口沦陷以后,以前在后方医院服务的中国红十字会,把救护车送到前线。接着,随着军队战术的变化,像担架队等小队人员直接到需要它们的地方工作。《红十字国际评论》,1941 年 4 月,第 338 页;1941 年 11 月,第 948 页;1942 年 1 月。

总部进行正式访问。因此,饶家驹错过了又一个绝佳的机会,如果能利用这个机会,即便得不到国际支持,也可以赢得欧洲对他的安全区概念的支持。

失望与幻灭

从个人角度而言,刚回到法国时,饶家驹神父很难适应新的环境。他住在巴黎德格勒纳勒街(rue Grenelle)上的耶稣会所,被派到圣-热内维埃芙(Saint-Geneviève)教区担任神甫。这项工作墨守成规的职业特性,对擅长行动的人来说,不见得是件好事。饶家驹是抱着建立巴黎安全区的计划离开上海回到法国的,他强烈地期待能在战时为祖国作出贡献。他似乎很难找到一个他自认为适合他的背景、兴趣和才干的工作。他头脑中肯定不止一次地出现的一个疑问是:神甫的工作是否适合让一个安全区的组织家去做?[①]

饶家驹回国后不久,一些开始熟悉他的雄心勃勃的计划尤其是建立巴黎安全区计划的人,开始对他发难。饶家驹全面而大胆的计划将改变原有的保护法国首都的计划和思考,对一些人,甚至对一些他的同事来说,这实在太过分了,因此他们不能认真地对待他。他们发泄灰心丧气,有些人甚至出言讥讽,说在建立丰功伟绩方面他有点像"堂吉诃德"(和饶家驹的法文名字发音有一点接近)。[②] 如前所述,在倡导在巴黎和其他地方建立安全区方面,饶家驹的呼声不是孤独的,但可能是最热切最坚决的。当有

①"饶家驹",第5页,藏于JA。
②"饶家驹",第4页。

人问到他是否真相信他的目标具有可行性时,他以他特有的贵族风度友善地回答说,信念是根本,没有信念人将一事无成。但是,听到并忍受他在耶稣会的同事的冷嘲热讽,对饶家驹来说肯定是非常痛苦的。

我在法国耶稣会档案里的发现表明,饶家驹神父设想以上海安全区为模式成立安全区,交战国双方要签订一份互相担保的协议。在档案中,我发现了一份类似于现代的"记事帖"的便笺,原本是一直贴在一份详细解释其提议的计划书上的。遗憾的是,我在档案里没有发现这份计划书,它可能详细讲述了上海的饶家驹安全区。在这份手写的没有日期的便笺上,饶家驹写道,应法国外交部的请求,瑞士及瑞典政府已经向日本、英国、美国发起提议,要求根据附加计划书(里面没有包含饶家驹模式)里的详细说明来成立安全区。饶家驹还建议在东京成立安全区救助日本平民。或许他还打算在柏林建立安全区。我估计这个便笺大概写于 1943 年。

在法国,他得不到在上海的岁月中他所赢得的熟识和深深的敬重,也没有遇到挑战让他发挥他那过人的活力和才华,如果算不上是失望,饶家驹还是感到很失意。每天充斥于报纸和广播的是可怕的战争灾难和盟军失利的消息,这也给他很大影响。除此之外,还有这样的新闻报道:从前线回来的士兵们饱尝战争带来的痛苦,他们中的一些人身体严重伤残,心理上伤痕累累,而众多战争难民也正遭受颠沛流离之苦。下面这首诗有助于揭示当时饶家驹的个人心绪。诗歌流露出的情绪给读者一种幻灭感甚至一种绝望的感觉,但诗歌有力地表现了他持之以恒的宗教信仰,从而又给诗歌带来一抹亮色。

暮色人生

每个灼热的夏日，

夜色降临，唤起我内心的悼念；

花儿绽放，落下花瓣片片。

我的主啊，人生何所留？

我的主啊，唯你留在我心间。

我那颗卑微而又充满诧异的心啊，

早已完全交付予你，

它见证了我对你忠贞不渝的爱恋。

生命之春，我也曾长风破浪，

这一生，多少岁月往事如烟。

哦，深深的惆怅！

而今，只有主，把我期待。①

---

① 藏于 JA 的这首诗歌的法文原文是这样的：

Au soir de la vie

Chaque jour le radieux été

S'embrume le soir et s'endeuille；

La fleur s'épanouit puis s'effeuille∴ Que reste-t-il, mon Dieu, d'avior été？

Toi，mon Dieu，c'est tout ce qui reste

Et mon pauvre Coeur étonné

Qu'à Toi seul j'al si fort donné，

Tout mon amour sans cess attesté

De la Source i'al saisi l'onde，

De ma vie j'al filter longtemps

Les ans，oh! Tristesse profonde.

Et maintenant Dieu seul m'attend.

新生：罗马教廷的使节

战争尤其是在早期阶段所带来的破坏，中断了交通以及食物和其他必需品的供应。人们惊慌失措地向南逃到法国未被占领的地区，人群壅蔽于道，而不堪重负的官员还在试图维持秩序。对于众多法国人来说，生活只能维持在最基本的水平。让情况继续恶化的是，在德军入侵之前，大批惊慌失措、饥肠辘辘、筋疲力竭的外国难民逃进法国。救济机构已经超负荷运转，弃童、赤贫和源源不绝的无家可归者的惨况远远超出了这些组织能够救援的极限。救援工作需要各种专长：募集捐款、筹集和运送物资、处理信函，此处列出的还只是那些最明显的技能。

天主教会，响应当时对慈善的迫切需要，本着宗教的良知，开始制订一系列计划来缓解难民的众多急需。这些计划既反映了教会自身的意向，也给那些想要参加服务的人带来希望。在这种氛围中，饶家驹救助难民的丰富经验，他对建设性社会行动的满腔热忱，乃至他处理事务谦和礼让的行为举止，所有这些都有利于他再次扮演一个重要角色。让他充分施展才华的机会终于到来了。

罗马教皇庇护十二世（Pius XII）透露，他希望天主教会能通过提供精神上和物质上的救济，在减轻战争给人们带来的痛苦方面起积极作用。教会要创建慈善组织，确保罗马教廷参与到遣返被德国扣留的数百万人和战争中背井离乡的人的工作中去。基督教新教会已经在通过它自己的慈善组织和救济计划为此而尽力，这促使天主教尽快调动资源采取行动。罗马教廷选派罗丹（Jean Rodhain）神父指挥救援工作，他曾在教廷负责处理囚徒和被驱逐者事务的总施赈官("Almoner General of Prisioners and Deported Persons")等职位上成效卓著。他负责的组织的执行机构总部设在巴黎，当时很多国际组织都把总部设在巴黎。该执行机构就是巴黎天主教中央委员会(the Central Catholic Committee of Paris)，它直接领导一个规模更大的"天主教救济国际委员会"(Comité international de l'Aumǒnerie catholique，简称 C. I. A. C)。教廷的使命是，把目前分散从事救济和遣返工作的天主教机构的活动分类组合，其工作重点放在让这些组织的各种活动都加强精神层面的内容。这一使命使天主教会的救济计划区别于红十字会的救济计划。罗马教廷的指示反复强调，天主教会的救济计划不能重复遭人诟病的红十字会的工作。

随着巴黎总部的建立，下一步工作就是选派特使到国外帮助协调救济活动。根据罗丹神父制订的章程，对每一名特使的任命必须得到罗马教廷出使该国代表的认可。为保障对该国救援计划顺利实施，将任命一位所在国的代表来配合工作。饶家驹神父和圣叙尔比斯会的(Society of St. Suplice)的总会长博依萨德(Peter J. Boisard)神父被选为罗马教廷的特使。

饶家驹神父任该职的第一项任务是访问英国和爱尔兰，了解当地天主教会慈善工作的现状，并希望能找到一些代表，保证他们在当地筹集急救物资，并确保援助物资运达巴黎。[1] 当然，英国也因德国的反复轰炸而处境艰难，但教廷仍期望，那里的口粮、医药用品和衣服要比欧洲大陆充足。[2]

---

[1] "精神救助与天主教的慈善事业"，天主教救济国际委员会，小册子，没有日期，第2页。

[2] "饶家驹英格兰及爱尔兰之旅报告"，未出版的报告，藏于JA，1945年3月31日(共4页)。

　　1945 年 3 月中旬,饶家驹抵达伦敦时,德国在英伦上空投下最后一批 Ｖ-2 导弹。他描绘了轰炸给街道和房屋建筑带来的严重损坏,并指出伦敦挤满了来自世界各地的外国人。他受到亲切的接待,英方许诺给他大量的支持和援助。英国天主教会很快组织了他们自己的救济机构——“天主教战时慈善会”(Catholic War Charity Organization)。在天主教事务方面,红衣主教阿瑟·辛斯利(Arthur Hinsley)长期以来对英国政府颇有影响力。这表现在英国政府正式邀请不同的宗教组织展开慈善和救济方面的合作,1945 年 5 月德国投降后,这一政策开始全面实施。

　　在威斯敏斯特教堂为饶家驹举行的招待会上,他获得(英国)天主教战时慈善会的同意,任命凯甘(Keegan)神父为巴黎天主教中央委员会慈善工作的英国代表。凯甘的正式职责包括:筹集救援物资,包括药品、衣服和捐款;提供运输救济物品的交通手段;确保救济物品到达巴黎的物资再分配中心;把捐款转交给巴黎天主教救济国际委员会。不久,英国爱丁堡、格拉斯哥两地的大主教向巴黎天主教中央委员会秘书处呈交必要的文件,向委员会颁发证书,指派凯甘神父等人作为他们教区的代表,支持巴黎方面的工作。[①] 饶家驹还和罗马教皇的代表一道对温布尔登进行了重要访问,除了提供建议和鼓励外,他还参观了附近几座关押着德国和意大利战俘的战俘营。在离开战俘营时,他承诺会请求巴黎天主教中央委员会向战俘提供更多阅读书籍,帮助他们打发漫长的时光。

　　爱尔兰是饶家驹行程的第二站,他不无沮丧地获知爱尔兰政

---

① “饶家驹英格兰及爱尔兰之旅报告”,未出版的报告,藏于 JA,1945 年 3 月 31 日(共 4 页)。

府并没有安排接待他的来访。得知这个意外的消息后，饶家驹与伦敦的上层进行了联系，由于时间紧迫，伦敦方面立即请巴黎的罗丹教父斡旋。结果他在都柏林机场受到了非常热情的欢迎，并安排他与爱尔兰政府官员、罗马教皇使节以及首席主教进行会面。此行最有益的成果是达成一项协议，只要特拉弗斯（M. Travers）的候选人资格在 1945 年 6 月召开的爱尔兰主教大会上获得批准，他将被任命为爱尔兰驻巴黎的慈善代表。饶家驹希望能把一个确凿的爱尔兰方面的承诺带回巴黎，所以他作出安排，使得特拉弗斯可以在等待官方批准对他的任命的同时立刻到巴黎天主教中央委员会开始工作。

在饶家驹访问爱尔兰期间，他无法回避一些敏感的问题。爱尔兰政府原本希望爱尔兰红十字会能掌管全部战后的慈善救济活动。就在他访问之前，就散布着这样的言论，声称巴黎天主教中央委员会大量插手爱尔兰的救济工作。饶家驹试图让东道主消除疑虑，他强调说巴黎天主教中央委员会无意介入诸如怎样筹集救济品这样的内部问题，相反，它会听从爱尔兰主教任命的爱尔兰国家代表的全面指导。在都柏林的莱恩斯特宫（Leinster House），饶家驹与爱尔兰总理埃蒙·德·瓦勒拉（Éamon de Valera）这位杰出的新芬党（Sinn Féin）领袖进行了一个小时的会晤，向他们说明了这一点。在饶家驹的笔下，瓦勒拉非常聪明，意志坚强，严厉，"终日反英，从未停歇"（"sans déternte, toujours très anti-Anglais"）。① 1937 年，瓦勒拉为爱尔兰自由联邦赢得完全的独立。当饶家驹在报告中总结他出行爱尔兰的使命成功

---

① "饶家驹英格兰及爱尔兰之旅报告"，未出版的报告，藏于 JA，1945 年 3 月 31 日，第 4 页。

的同时,他也谨慎地敦促巴黎天主教中央委员会紧急与都柏林的大主教"在所有问题上"进行交流。

他接下来的正式出访是在 1945 年夏天同美国和加拿大天主教各级官员会晤。在法国的罗马教皇特使指示饶家驹要抽时间推动慈善组织参与各国遣返战俘和安排难民回国的各个阶段的工作。① 饶家驹这次出行由博依萨德神父陪伴。在美国,驻华盛顿罗马教皇特使承诺支持这个总部在巴黎的天主教慈善组织,至于非宗教性工作,则得到著名的卡地亚之家(House of Cartier)总干事的支持。饶家驹需要接洽的一些重要的慈善组织,包括美国全国天主教福利会(National Catholic Welfare Conference of America)及其姐妹组织"战时救济会"(War Relief Service),他的目的既是寻求派驻巴黎的代表也是募集物资。这些慈善机构几乎是立即给予回应而且十分慷慨。这些慈善组织推荐的巴黎代表收集并海运了大量各式各样的物品救济欧洲的战争灾民。饶家驹也报告了他在出访加拿大期间所获得的成功,报告指出,他获得了红衣主教让-马里-罗德里格·维尔纳夫(Jean-Marie-Rodrigue Villeneuve)的同意,召开一次加拿大主教会议,告诉他们总部在巴黎的天主教救济国际委员会的工作,并就加拿大参与未来救济计划展开了讨论。②

从饶家驹的出访报告中,可以看出他与英国、爱尔兰、美国、加拿大天主教教会上层的合作很成功,这个报告得到高度评价。③ 不久,1945 年 12 月,他被任命为罗马教廷驻柏林的首席代

---

① 法国教廷大使:《传教使命》,第 284 期(1945 年 2 月),藏于 JA。
② "天主教救济国际委员会的现状",1945 年 6 月 10 日,藏于 JA。
③ 在耶稣会档案馆饶家驹档案中有一份题为"美国天主教"的 7 页纸的详细报告。但是,它并没有注明作者是否就是饶家驹。

表,负责救助难民以及背井离乡的人。无疑,这是战后欧洲面临的一个重大问题。就在新职任命之前,作为天主教救济国际委员会的代表,他去日内瓦会见了天主教上层人士,同那些协助促成并援助这项新工作的人们商讨天主教的慈善救援计划。他会见了罗马教皇使节,弗里堡、洛桑、日内瓦的主教,以及瑞士天主教慈善机构委员会成员。对这些重要人物来说,这次会面也可能是他们为让饶家驹承担更大的责任进行"面试"的好机会。① 他开始意识到柏林的这个新职位将使他面临的巨大挑战。战争造成了至少1500万名难民、战俘和被驱逐出境的人,他们中的很多人需要得到他的救济计划的帮助。由于交通运输混乱不堪,人员和物资的正常流动受到严重影响。毫不奇怪,当时还有其他几项计划,有官方的也有私人的,其目的都是救助战争的受害者。罗马教皇庇护十二世指示天主教的慈善活动要在国际范围内协调行动,要特别关注人们精神上的福祉(spiritual welfare)。教会官员强调说,罗马教廷救济计划的实施要独立于国际红十字会,两者开展的活动有时似乎有所重叠。不管怎么说,需要帮助的人确实太多了,参与各方都有充足的施展空间。

巴黎天主教救济国际委员会的领导层就如何开展工作给饶家驹提了很多建议。委员会秘书长向饶家驹传达了指示,告诉他在瑞士逗留时期需要会见的人和要完成的任务。饶家驹当然要求瑞士方面给予药品、服装和食品等方面的物质援助,此外,他还请求提供护理和社工方面的人员,他要和他们一起在柏林开展救助工作。② 他要给柏林难民营和其他地方的难民提供精神上和

① 法国教廷大使:《传教使命》,第284期(1945年2月),藏于JA。
② 巴黎天主教救济国际委员会总秘书致饶家驹的信,1945年11月23日,藏于JA。

物质上的帮助。那些失去亲人或是正在寻找失散的孩子或配偶的人，是他这次任务选定的帮助对象。而且，与罗马教廷一致，饶家驹准备联系德国天主教和它们的领导人，向他们通报其他国家天主教开展的活动的最新情况。

当饶家驹到达柏林的时候，同事们注意到他看起来已经筋疲力尽。他们这样描绘他：面容憔悴，脸上皱纹很深，背有点驼。同事们请求他保存体力减轻工作量，但他置若罔闻。相反，他的朋友们注意到，他继续玩命似地工作。① 据饶家驹说，他必需出外考察，这样他才能及时汇报，这一切都是为履行他肩负的诸多职责奠定坚实的基础。他到过被战争摧毁了的波兰的布雷斯劳（即今天的弗罗茨瓦夫），描述了他在乡下所看到的一幕幕悲惨而荒凉的景象：到处都是布满残垣断壁的村落和被洗劫一空的人家。在布雷斯劳市，他负责帮助疏散妇女和儿童。饶家驹绝望地看着波兰与苏联之间的夙仇被战火重新点燃，加重了救济和再安置计划的负担。当看到被苏联军队为寻找金牙和其他值钱的东西挖开并洗劫一空的坟墓时，饶家驹哀痛不已。按照波茨坦会议的指令，波兰、捷克、匈牙利、南斯拉夫、罗马尼亚和奥地利陆续遣返德国人，饶家驹的另一个详细的报告探讨了这些人的行程安排。这些被遣返回来的德国人将被送往美国、法国、英国以及苏联在柏林的占领区中的联合国救济总署难民营，接受救助和治疗。饶家驹的报告中详细记载了这批德国人的数量和面临的问题，凸显了这次任务的繁重和艰巨，这对一个由于接连不断的工作已经精疲

---

① 本章讨论饶家驹最后的日子，依据的是一份日期注明是 1946 年 10 月 5 日的 4 页纸的详细报告，它是饶家驹的一位在耶稣会工作的未署名的同事写的，这位同事来自法国的城市巴莱毛尼（Paray-le-Monial），这座城市同时也是耶稣会团体的一个活动地。也有材料表明，这份报告很有可能是尼科神父写的。

力竭的人来说更是如此。①

1946年8月底，饶家驹最后一次从柏林返回巴黎，这次他陪同着一批德国神父。这次行程和任务消耗了饶家驹的体力，进一步损害了他每况愈下的健康。当他返回柏林后，感到极度疲劳，没有胃口，他已经病得不能再主持弥撒。他唯一想吃的就是自己在房子后面的菜地里种的小番茄。同事们催他去看医生，可能是知道自己的病已到晚期，他总是敷衍他们。据他的同事说，他把医生开给他的药全部喂给了床头柜上摆放着的一个小盆栽了。当医生问他药是否见效时，饶家驹指着那盆泛黄的植物，惋惜地说，药把他们都杀死了。显然，对他来说，医生、手术或是药物对他已是毫无用处了。

9月6日，他意外跌了一跤，摔伤了。在这样虚弱的情况下摔伤，他不得不住进柏林赖尼肯多夫区的法国军事医院。医生检查他了衰弱的身体，诊断他得的是晚期白血病，接着给他输了血，至少看起来他的病情有所缓解。出于对他心脏状况的担心，同事们再次建议立即为饶神父施临终涂油礼的终傅圣事。他说自己这一生已经施过四次涂油礼了，所以现在没有这个必要，当大限来临，他会告诉他们的。9月9日，当有人再次提出施涂油礼时，饶家驹反而要了一瓶香槟酒，当酒拿给他时，他吞下满满几大茶匙，并要求他身边的所有人为他的健康干杯。在很多他最亲密的同事看来，像他这样的丰满而自觉的生命，理应在欢庆中结束。第二天，他陷入昏迷，大家为他准备了最后的圣餐礼，接下来举行

① 在耶稣会档案馆饶家驹的档案中，包含了两份内容非常详细的没有署名的报告，可能这两份报告都是他写的：一份题为"对布雷斯劳地区形势的观察"（"机密"），涉及到几个村庄所遭受的悲惨的破坏，国与国交界地区的混乱，以及很多难民问题；另一份报告的题目是"欧洲中部的人口流动"。

了总赦免（general absolution），最后是终傅圣事。1946 年 9 月 10 日下午 4 点 40 分，饶家驹神父去世，享年 68 岁。

　　柏林大主教康拉德·冯·普赖辛格（Konrad von Preysing）和法国驻德国占领军司令玛丽-皮埃尔·柯尼希（Marie-Pierre Koenig）将军立即筹备他的葬礼。在弗洛诺（Frohnau）天主教堂，普赖辛格大主教主持了葬礼，参加葬礼的还有来自布鲁塞尔和柏林的俄国东正教主教亚历山大大人（His Excellency Alexander）。梵蒂冈代表团的团长勒萨热（Lessage）神父举行殡葬弥撒（funeral Mass），一名美国神父和一名法国随军神父担任执事。克罗塞勒（M. Clauzel）代表外交使团，尼科（Nicot）神父代表其亲属、罗马教廷以及耶稣会。出席葬礼的有同盟国的代表，法国、美国、英国的随军牧师，几乎所有在柏林的耶稣会神父，众多主教管区的神父，外交官，来自柏林大学的教授，以及其他人。尽管未曾在法国政府任过职，但饶家驹神父的遗体却用法国国旗和罗马教廷的旗帜包裹着。在葬礼进行的过程中，曾在难民组织中服务过的饶家驹的朋友穆拉特（Murat）亲王捧着一个天鹅绒的枕头，上面别着法国和其他国家颁发给饶家驹的奖章。中国代表团团长桂永清将军，在灵柩上放了一个用宽大的白色丝带系着的玫瑰花冠，丝带上题写着镶金汉字。翻译过来，文字的大体意思是，作为一名传教士，饶家驹在中国服务了 30 年，大多数时间是在上海度过的，他曾组织过一个名叫"饶家驹安全区"的难民区。①

　　按照耶稣会的惯例和传统，这一庄严的场面没有让众人分别

---

①《十字报》，1946 年 9 月 15 日；《费加罗报》1946 年 9 月 13 日；《时代报》，1946 年 9 月 14 日。

致悼词。后来，在墓地，作为盟国对德管制委员会法国代表柯尼希将军的副官，罗杰·诺瓦雷（Roger Noiret）将军以法国的名义发言，他说，饶家驹神父将成为法国历史的一部分，他还称赞了他对中国和世界作出的巨大贡献。9 月 20 日，在巴黎外国人大教堂（Eglise des étrangers）为饶家驹神父举行了追思会，教会官员和中国大使都参加了追思会。①

他带给《日内瓦公约》的遗产

饶家驹神父过早地辞世，使他失去机会亲身经历他一生最大的荣耀，他关于安全区的概念将纳入 1949 年《日内瓦公约》的文件。收入公约的不仅仅是这个概念，更重要的是，这个概念是与他的名字连在一起的，这在如此正式的文件中是很少出现的。"饶家驹安全区"作为战时保护平民的成功范例被人们引用。在他去世三年之后，在日内瓦的非宗教论坛上，尽管没有他在场力争，但他一生工作的代表性成就终于得到正式承认。

第一次世界大战曾被称为"终结所有战争的战争"。然而，不久就爆发了第二次世界大战。当二战在欧洲和亚洲结束之际，随着联合国的成立，人们对未来能够避免再次发生世界大战充满希望。《日内瓦公约》就是这一希望中极为重要的部分。即便是在战前，平民的命运也是《日内瓦公约》关注的要点之一。当时国际社会对战时平民保护这一重要问题的关注，被战争本身打断了。然而，针对现代战争的变化制订新的规则，是一个被持续提出的要求。现有的范畴需要扩展，还要增添新的范畴。必须对经常导

---

① "饶家驹之死"，没有日期，藏于 JA。

致大量平民丧生的空战和空袭有所回应。对经济和军事目标的轰炸，置平民生命于不顾。人民或被驱逐出家园，或遭大规模屠杀，或作为人质被捕被害，或遭抢劫，或遭盗窃。官员们需要审视过去战争岁月里发生的种种恐怖事件，思考第一次世界大战是怎样导致了下一场造成平民更大伤亡和损失的战争。有什么样的措施能够避免悲剧重演呢？

准备新公约

战争通常被说成是为人民的福祉而战。然而，1929年的公约已经过时，它根据以往战争的要求，只关注保护伤员和病人。在以前的战争中，大多数平民还可以置身战场之外。第二次世界大战不同于以往之处就在于，它是一场规模空前的战争。二战提供了过多悲惨的事例，为确立与国际法相符合的人道主义原则，有必要对这些事例进行分析和论证。①

为此，国际间展开了广泛的合作。它要求对那些在战时开展过慈善活动的宗教和非宗教组织进行咨询。另外，它还需要一些专家根据现实生活经验协助修订现有的法规。与此相关的一切都是在国际红十字会的指导下进行的。接下来，经过国际红十字会对法规草案进行大量的讨论和传阅之后，批准通过的草案递交给日内瓦外交会议，该机构赋予这份草案以国际法的效力。

国际红十字大会于1948年8月20日至31日在斯德哥尔摩召开，会上由专家们起草、国际红十字会参与修订的草案被大会

---

① 对这一法规形成的背景和步骤的全面讨论，可参见国际红十字会编写的《医院位置与安全区》（日内瓦，1962年）。

正式采纳。草案的文本最终成为日内瓦外交会议唯一的工作草案，在此基础上形成了 1949 年的《日内瓦公约》。① 63 个国家派代表参加公约的制定；中国是签约国之一；日本、德国、奥地利、意大利直到 1953 年、1954 年才成为签约国。同本研究相关的最重要的公约是第四公约，即《关于战时保护平民之日内瓦公约》(1949.8.12)。该公约禁止严刑拷打、伤残肢体或残忍地对待平民等行为。该公约的第 14 条、第 15 条与本研究尤其相关，因为它涉及交战双方一致达成的安全区的内容。一般条款陈述的内容在附件一中有详尽的说明，附件一的全称为："关于医院及安全地带与处所协定草案"。简单地概括一下就是，交战双方达成的协议要求安全区的平民不得参加敌对行动，不得从事带有军事性质的工作（我们可以看出，当年到上海饶家驹安全区寻求避难的平民也要遵守这条规定）。而且，不得进攻安全区，相反，安全区要受到交战双方的保护和尊重。（再一次，与饶家驹安全区有明显的相似之处。）建立安全区的一方必须接受承认安全区的国家所要求组织的特别委员会的管制。特别委员会驻扎在安全区，必须对其行使视察职责给予各种便利。（这条曾经是安全区生效的前提条件：当日军占领了整个南市地区的时候，它仍旧允许饶家驹的监管委员会继续工作。）如果特别委员会发现违反双方协议的事实，它可以规定期限纠正，如果超过期限，委员会可以宣布它自身不再受安全区协议的约束。（此规定也见于饶家驹在上海与中日双方谈判所达成的最早的协议。）这些明显的相似点无可置疑地表明，饶家驹安全区为新条约中的重要概念和依据提供了原

---

① 1949 年 8 月 12 日《日内瓦公约》，www.icrc.org/ihl.nsf.（访问日期：2007 年 9 月 15 日）

初的范例和启发。

尽管所有这些说明性的探讨相当笼统,但这也是高级别正式文本的惯例。不过,这一问题在有关1949年公约的评注中确实得到深入和详尽的阐述。在有关中立区的一个综合讨论中提出了安全区怎样建立,哪些人受益,对初始协议中应有的内容和格式的建议等问题,饶家驹安全区这一名称被援引作为实际经验的范例被载入让外交会议接纳的公约第15条。[①] 评注还提到了早期安全区的例子以供参考,如马德里安全区,以及在1948年巴勒斯坦冲突期间的耶路撒冷安全区。马德里安全区只取得局部成功,原因在于国民军与共和党之间从未达成协议,并在安全区的监管上发生冲突。但是,它确实是安全区概念的早期产物。耶路撒冷安全区经历了三个阶段。起初的设想是把整座城市作为安全区。当这个计划失败后,城内几处建筑物因受到红十字会的保护而被看作安全区。但是,这些建筑物中的难民只能在这里呆几个小时,无权在此吃住。这个安全区仅仅保护了一百多个难民。

在这些例子中,肯定是饶家驹安全区最有资格被提出作为范例。耶路撒冷安全区不仅收容的难民比较少,而且存在时间较短,无法抵御空中轰炸甚至远程大炮的轰击。

下一例,即饶家驹安全区被选作交战国在战时保护平民的成功范例,是在1977年生效的《1949年8月12日日内瓦四公约的附加议定书》(Protocol Additional to the Geneva Convention of 12 August 1949)中。[②] 在这个议定书中,马德里安全区的例子被

---

① 与保护国际武装冲突受害者相关的评注(IV),www. icrc. org/ihl. nsf. www. icrc. org/ihl. nsf.(访问日期:2007年9月15日)
② 附加议定书 I,1977年6月8日,www. icrc. org/ihl. nsf. www. icrc. org/ihl. nsf.（访问日期:2007年9月15日)

删除。至于耶路撒冷之前的安全区——大卫王酒店（King David Hotel），尽管被写进议定书，但它仅仅是一个失败了的大的安全区的一部分。这个大的安全区不断缩减，以至只剩下这个国际大酒店了。但是，这个酒店的确成了一个安全区，并作为一个卓有成效的例子而被提及。但事实上，这个酒店仅是偶尔使用，为期只有数月而已，大多数时间被用作国际红十字会行政人员的住所。

尾 声

　　20 世纪 30 年代,南京国民政府尚未实现中央集权的、能应对大规模天灾战祸的救援服务。当政府不能提供这些服务的时候,天主教慈善组织就扮演了重要的角色。中国的同业公会和同乡会网络在地方上(自助)很有效,但当日军的侵略席卷众多城市和省份时,国民政府就不得不寻求新的更有效的措施。现代战争手段,包括对城市、街区和居民的狂轰滥炸带来了新的挑战。仅为当地人服务的传统社会组织,在这种情形下就捉襟见肘了。而战争中的中国政府更是无力迅速建立大规模的新组织网络。在这期间,天主教的救济服务,国际红十字会及其中国分会的工作,上海中西方民间和宗教组织的共同努力,他们共同构成了当时开展紧急救援工作的不可或缺的组成部分。在这样的背景下,同世俗政权和民间组织均有着紧密联系的天主教会,成为中国人一个重要的信息来源和沟通渠道。这清楚地表明,具备明确的社会责任感、并具有管治功能的组织对一个社会的重要性和益处。

　　在上海,至少在社会救济和社会福利工作方面,还有一个因素在起作用。这个因素就是在饶家驹神父身上体现出来的人的能动性。他的才华、实干和贡献在本书中到处可见。作为教区神甫,他能够深入中国社区,这让他受益匪浅,而通过水灾救济行动,他赢得了中国官员的尊重和信任。1932 年日军第一次进攻

上海时,他所表现出来的勇气和机敏给中日两国的领导人都留下
了深刻的印象。当然,日军于1937年第二次发动对上海的进攻
之后,他在建立安全区方面作出的决定性的贡献,赢得了各方包
括外国列强在内的支持和承认。

倘若当时就已经有了现代福利制度,应对灾难的预案也能在
外敌入侵时得到实施,同时能够设置机构来监督和协调灾难救
援,那么,饶家驹神父是否还会这么重要、这么有影响,或是这么
不可或缺? 倘若存在这样的一个福利制度,那么支持该制度运行
的有效的官僚机构,会支持饶神父发挥如此关键的作用吗? 现在
是否还有这样一个地方,能让一个人在处理重大危机时施展如此
之大的影响力? 耶稣会不是也认为饶家驹跨越了该组织的边界,
在设法解决难民危机方面扮演了过分显眼的角色吗?

饶家驹清楚地懂得,需要采用什么手段来对付日本入侵和新
的城市战争所带来的人道主义危机。关键是要避免表现出支持
一方来反对另一方。要达到的目标是双重的:开展人道主义工作
是为了战区非战斗人员即平民的利益;与此同时,要使交战双方
相信,正是考虑到他们的政治利益才这样做的。要出色地完成这
一任务,需要同交涉各方都有信任的基础,具备完美的组织技巧,
负有强烈的使命感,并具有足够的政治智慧和敏锐的洞察力。具
备了这些优良品质,还需要饶家驹能够抓住他所了解的对交战双
方都至关重要的东西,并以此为建立安全区取得必要的共识。

饶家驹也意识到,一个成功的安全区首先需要的是安全区内
没有任何军事存在,而不仅仅是禁止把安全区作为进攻的目标。
安全区的非军事化和居民的非武装化,都是强制完成的。当交战
双方在战争初期就形成雏形的安全区的位置达成一致,建立一个
永久的安全区就成为可能。此后,任何关于保卫安全区、阻止对

安全区的进攻的讨论就变得不必要了,因为协议完全是以交战双方就安全区的非军事化性质在初期就达成一致为基础的。

安全区内的治安只能靠平民警察队伍来维持。即使在当时,饶家驹也是使出各种招数经过很长时间才实现了这一目标。他当时最大的负担是,他的各项举措和救济工作都不得不在毁灭性的战争环境下运作,他的安排必须经受持续不断的考验和压力。他要果断地作出反应,但为了能够让安全区存在下去,他又必须有足够的弹性和策略让谈判进展顺利。面对瞬息万变的局势,在处理危机时,他不可能奢侈地花费几个小时或几个月来检验和讨论可供他选择的种种方案。

在回顾了所有这些品质和形势发展所必需的素质后,人们不禁要思考这样一个问题,即:过去几十年来,我们是否正是缺少这种方法和这样的人,来协助解决众多的难民危机。现在的国际组织一直不愿涉足内战,即使是为缓冲市民骚乱和缓解灾难性的痛苦也不愿意插手,这不能不说是一种严重的倒退。与之形成鲜明对照的是,饶家驹是在没有任何援助哪怕是来自国际红十字会的援助的情况下建立上海安全区的。但是,像饶家驹这样杰出的人物在今天无论如何是不可能出现了。饶家驹的工作和服务可能只是一个异数,或者至少不容易被复制。然而,仅仅是为了人道主义事业,并且考虑到很多战争冲突的严峻性和不可避免,让外部力量甚至军事力量介入协商建立安全区,就显得很有必要。在最近的紧急情况中,分发供应品和救援物资的救济工作就经常要求各种力量联合起来。联合起来工作也有助于减少居心更为险恶的外部势力的介入。

安全区的概念似乎也为今天的危机提供了潜在的解决方法。在新的全球化的环境下,这种方法需要在社会、政治和军方之间进行大量协调，尤其是外交官和军人这两种手段的配合使用。实际上，在 20 世纪 90 年代，联合国安理会就建议并批准使用安全区来保证人们的生命安全。[①] 在一些重要的方面，例如军队的角色、内部治安以及建立安全区所需的基本的政治架构，最近出现的安全区并没有遵循饶家驹安全区模式。主要不同之处在于，饶家驹安全区依靠的是政治活动和谈判，它们能让各方在危机初期达成共识，与之相比，联合国设立的安全区则严重依赖于来自外部的管理和执行，甚至到了限制安全区所在国主权的地步。

今天，在大规模的内战中，平民、难民以及流离失所的人们所受到的威胁，可能远远地超过以往。事实上，在今天的武装冲突中，非正规军蓄意将平民作为攻击目标，一旦要求得不到满足，他们就会把平民掳为人质，施加暴力，或是把平民作为报复的对象。平民通常占到伤亡人数的大部分，他们还会沦为难民，妇女和女孩则会遭受性暴力或被迫卖淫。而且，由于涉及的平民数量庞大，以及情势发展紧迫，看上去总是需要国际机构的帮助，但只有在出现人道保护需要的时候，国际机构才应真正介入。作为在这些武装冲突情况下的指南，国际人道主义法仍是首要的法律依据。当然，这个法律框架的一个基本构件，同时可能也是最脆弱的一环节就是，冲突各方必须承诺遵守规则。

在建立学校、诊所甚至提供小商品交易方面，市民社会具有关键作用，与它在治安问题上的作用至少是一样的重要。在饶家驹安全区，除了可以利用难民的时间和才能，建学校、做小买卖、开诊所、办粮仓也会让难民感觉到秩序正常、社会稳定。另一个

[①] 联合国设立的安全区包括：建在斯里兰卡的"开放救济中心"（1990—1996），在伊拉克北部建的"安全区与禁飞区"，在波斯尼亚和黑塞哥维那建的 6 个"安全区"，在卢旺达西部建立的"人道主义安全区"（1994）。

吸引大家注意的重要领域就是建造难民营,征集和分发紧急物资。现代悲剧诸如种族灭绝、"种族清洗"等已经为历史不公正创下新的纪录。受到重兵威胁的大型难民营里屡屡发生这样的惨剧,充满了死亡、不幸,以及大量的人流离失所。城镇和乡村发生的大屠杀和暴行,受害者往往是家庭、儿童和其他的平民百姓。而屠杀和暴行的唯一目的就是为了在谈判桌上得到更多的政治让步。这种做法的存在说明,在这样的战争中,犬儒主义已经发展到了何等地步!

这类悲剧的出现,让人们思考是否有必要进一步修改与战争有关的国际法,或许可以再次修订1949年的《日内瓦公约》。制定新规则的目的,是要让新的战争和发动战争的规则符合人权和人道主义关怀的国际标准。它应该依据当代人的实践和认识,努力廓清某些冲突的法律依据,包括战争行为、惯例和政策。这不仅代表了让国际法与人道主义关怀相一致的努力,也提供一个新的机会来明确、广泛地展现国际法的意义和内容,让任何人都不能无视它的存在。

不可忽视的事实是,成功的人道主义努力需要极高的政治的和历史的睿智。无论对什么样的危机,都必须仔细而全面地进行分析。对于那些可能要去处理危机的人来说,应该寻找一切机会对该地区的历史、政治以及语言等进行深入的学习。总而言之,需要在人道主义领域进行更审慎的研究,尤其要了解和尊重社会和文化差异。在后冷战时代,人们要面对的挑战有些是全新的,有些则是永恒的。

近代历史上,还有很多人卷入了人道主义事业,并且取得了不同寻常的成功。已故的张纯如女士在她关于南京大屠杀的著名著作中,把德国纳粹党员约翰·拉贝称作"中国的辛德勒"。无

疑,南京大屠杀期间拉贝果断地营救了很多中国人。拉贝在中国
作出的诸多贡献为世人所知,要得益于这一事实,即他的名字让
熟悉斯皮尔伯格于 1993 年执导的电影《辛德勒名单》的广大民众
产生了共鸣。在寻求与饶家驹的工作相类似并且出现某种程度
上的历史巧合的人时,我们注意到了一位名叫瓦卢堡(Raoul
Wallenberg)的瑞典外交官,在欧洲大屠杀那段暗无天日的日子
里,在布达佩斯遭受德军进攻期间,他至少拯救了 7 万名匈牙利
犹太人的生命,立下了不朽的历史功绩。像饶家驹一样,瓦卢堡
表现出罕见的勇气、决心和想象力。他拯救犹太人所采取的最让
人称道的策略之一是,他采用的不是安全区,而是"安全藏身所"
(safe houses),掩护匈牙利首都的犹太家庭和犹太人。这种方法
非常有效地让很多犹太人逃脱了被关进纳粹集中营送死的厄运。
在创造性和有效性上,瓦卢堡的方法与饶家驹在中国的做法的确
有相似之处。

尽管我设法不玩数字游戏,但在研究历史上的大灾难时,数
字游戏似乎还是有必要的。日军侵华期间,饶家驹至少挽救了
50 万中国人的生命,在这个意义上,他的这一成就是无与伦
比的。

附录一 1949 年 8 月 12 日关于战时
保护平民之日内瓦公约
（即日内瓦第四公约）

第二部：居民之一般保护以防战争之若干影响

第十五条——中立区

[P129]一般背景

第 15 条提到的中立区与前一条涉及的医院和安全区是基于同一理念。从集中于某一指定区域的军事行动的效果来看，它们设立的目的都是保护没有参加敌对行动或是失去战斗力的人。但是，这一点我们已经指出，即：中立区不同于医院和安全区的地方在于，前者建在战斗正在进行的区域，目的在于给受伤、生病的平民和战斗人员以及没有参加敌对行动的平民提供避难所。而且，中立区的设立通常是临时满足于某一特定时刻的战术需要，而医院和安全区在性质上常常是更持久的。

第 14 条开头的历史概要对第 15 条仍然有效，因为中立区仅仅是作为通常被称为难民区的一个例子。(1) 只能这样说，第 15 条是一定数量的实际经验积累的结果：人们将会记住，经国际红十字会提议，一个中立区在西班牙内战期间在马德里建立起来；在 1948 年巴勒斯坦冲突期间，出现了 2 个中立区，曾有一度是 3 个；在国际红十字会的指示和完全管理下，中立区在耶路撒冷建立起来;1937年中日战争期间,一个中立区也在上海建立起来。
(2) 它被称为**饶家驹安全区***,是为了纪念成立这个安全区的人。

在这些场合尤其是在耶路撒冷所获得的经验,让外交会议采纳了这一条,这一条的草案文本是由国际红十字会提交,然后被复制,在其重要性没有发生任何改变的情况下被外交会议采纳的。

---

* 这里的黑体是我所加,以用于强调。——作者

附录二　1949 年 8 月 12 日日内瓦四公约关于保护国际武装冲突的受害者的附加议定书（第一议定书）

（1977 年 6 月 8 日订于日内瓦）

第四部：平民居民
第一编：防止敌对行动影响的一般保护
第五章：受特殊保护的地方和地带

（P. 697）第四部第一编第五章——受特殊保护的地方和地带

2259　应当指出，作为一种选择，创设难民区早就在《日内瓦公约》里出现。《日内瓦公约》第一公约规定设立"医院地带及处所"来保护军队中的伤者和病者。另外，第四公约规定设立"医院安全区及处所"来为生病的平民、儿童和老年人等提供避难所。第 15 条又增加了在战斗进行之地创设"中立区"，目的在于不仅为伤病者而且也为没有参加敌对行动的平民提供避难所。（1）

2260　议定书对当前这一章的有关条款进行了补充，共补充了两条，分别涉及不设防的区域和非军事化区。具体来说，这两条并不是要保护特殊类型的人，比方说，那些特别容易受到战争伤害的人（伤者、病者、儿童等等）——尽管无法阻止这些人的进入。在一定程度上,在战场之外设立这些区域的目的,在于让一定的场所或区域向除了战斗人员之外的全体居民开放,第四公约中(第15条)提到的中立区也是这种情况。

2261　外交会议之所以根据国际红十字会的提议决定制定新的规则,其原因在于1949年的条款不能像本来计划的那样应用于实践中。但是,国际红十字会还是想出了各种各样与此相关的临时解决办法。比如,1971年在达卡,1974年在尼科西亚,1975年在西贡和金边,1979年在尼加拉瓜,1982年在福克兰群岛(马尔维纳斯群岛)。(2)

2262　经验表明,各国在和平时期就准备好避难场所是很难的,即便这样做了,也务必要保密。事实上,建立保护区或避难场所的唯一可行的方法是在"紧要时刻"(heat of the moment),例如战斗临近,对特定场所或区域的防御不带军事目的,或是同长期的防御所带来的平民的死亡相比,其军事目的相对较小。(P. 698)这让国际红十字会相信,应当尽可能单方面地迅速地创建非防御区。外交会议很大程度上接受了这些提议,从这一事实中可以看出,即:一个不设防的城市,如果不是立即招致争议,其发布的宣言就是有效的。这是对习惯法的详尽阐述的重要肯定。这一章所取得的另一些成果肯定是有益的,但是,由于它们要取得交战双方的同意,一旦交战双方积极投入敌对行动,缔结协定常常是很困难的,因此,这些就鲜有被实施的机会。

注释

（1）（参见第 697 页）于 1937 年在上海成立的**"饶家驹安全区"** *，以及国际红十字会于 1948 年在耶路撒冷一家大酒店成立的中立区，作为避难场所的例子而一直被提及。Commentary Ⅳ，pp. 121 - 124 提供了在各种不同时期成立的取得有限成功的避难场所的历史背景。

（2）（参见第 697 页）Cf. Y. Sandoz，"Localitiés et zones sous protection special"，这是提交于 1984 年在圣雷莫召开的国际人道主义法律研究所第十届圆桌会议的研究报告，见"Quatre etudes du droit international humanitaire"，Geneva，1985，P. 35；S. S. Junod，"Protection of the Victims of Armed Conflict Falkland_ Malvinas Islands. . . ，"op. cit. ，pp. 33 - 34.

---

* 这里的黑体是我所加，以用于强调。——作者

参考文献

档案和文件

华盛顿，乔治敦大学，伍德斯托克图书馆

Society of Jesus，Catalogue Provinciae Franciae，1904 - 1946

耶稣会，巴黎教省目录，1904—1946

旺弗，法国，耶稣会档案馆

Father Robert Jacquinot de Besange：letters，poems，reports，memoranda，
    photographs，newspapers，and other documentation

饶家驹神父：书信、诗歌、报告、备忘录、照片、报纸，以及其他文献

Comité International de l'Aumônerie Catholique，letters to Jacquinot，1945.

天主教救济国际委员会，致饶家驹的信札，1945

"Le Père Jacquinot de Besange"（undated document）

"饶家驹"（没有日期的文献）

Lieu de Genève documentation

日内瓦地方文献

Lettres de Jersey，Scolasticate of Jersey（the Channel Islands），1882 - 1938
    （27 vols.），vols. 1937 - 1938

来自泽西岛的信札，1882—1938（27 卷），1937—1938 年卷

Nonciature aspostolique de France，Ordre de mission，no. 284（Feb. 1945）

法国教廷大使：《传教使命》，第 284 期（1945 年 2 月）

Bulletin de l'Uiversité l'Aurore，no. 3，1946

《震旦杂志》，第 3 期，1946 年

Compagnie，no. 8

《耶稣会》，第 8 期

Études, November 1946

《探索》,1946 年 11 月

Relations de Chine, 1938(various issues)

《对华关系》,1938 年(各期)

南特,法国,外交部档案馆

Archives rapatriés du consulat de France à Changhai, ser. A, file 83 - 91

法国驻上海领事馆归国档案

Archives rapatriés du consulat de France à Pékin, ser. A, file 81,
　　"Changhai, Jacquinot"

法国驻北京领事馆归国档案

Correspondence between Ministry of Foreign Affairs, Paris, and Shanghai,
　　ser. C, files123 - 124

巴黎法国外交部致上海的函件

Correspondence between Shanghai and Ministry of Foreign Affairs, Paris,
　　ser. C, files61

上海致巴黎法国外交部的函件

徐家汇,上海,中国,上海市图书馆,耶稣会档案

法文《上海日报》(*Journal de Shanghai*),1930—1940(各期)

馆藏照片

《上海文史资料选辑》,第 25、26 辑

徐家汇教堂区的历史资料

《上海国际救济会年报》,1937—1940

日内瓦,瑞士,联合国总部图书馆

建立国际公约外交会议:《1949 年 8 月 12 日日内瓦公约》

《上海国际红十字会年报》,1937—1938

International Committee of the Red Cross. *Hospital Localities and Safety
　　Zones*. Geneva, 1952.

国际红十字会:《医院位置与安全区》

International Humanitarian Law. *Draft International Convention on the
　　Condition and Protection of Civilians*. Tokyo, 1934.

国际人道法:《有关平民条件和保护的国际公约草案》

Dr. Calme, China delegate to the International Committee of the Red Cross,

"zone Jacquinot," Report no. 217, Shanghai，March 15，1938
国际红十字会中国代表，"饶家驹安全区"，第 217 号报告，1938 年 3 月 15 日

上海市档案馆
法租界公董局
公董局年报（Comptes rendus/Budgets），1922—1943
公董局公报（Bulletin Municipal），1922—1943
公共租界工部局
上海工部局公报（Municipal Gazette），1925—1943
上海工部局议事录（Minute Books），1933—1943
上海工部局年报（Annual Reports and Budgets），1933—1943

日本国立国会图书馆
"Shina Jihen ni kansuru kakkoku shimbun ronchō gaiyō tsuzuri"（Summary
of Foreign Newspaper Commentaries After April 1，1938，Concerning the
China Incident). cabinet document，May 28，no. 00025100
1938 年 4 月 1 日后有关中国事变的外国报纸评论摘要，日本内阁文
件，1938

国会微缩胶卷档案馆，日本外务省
"Dai Sangoku no Ken'eki oyobi dai sangoku-jin no seimei zaisan hogo
mondai"（［Draft］Administrative Report on the Protection of Third
Country Nationals，Their Interests and Property). Sl. 1. 1. 0 - 27.
Reprinted as Gaimushō. Shitsumu hōkuku：Tōa kyoku（Reprints of 1937
Work Report，East Asia Burea). Tokyo：Kuresu Shuppan,19
《［草案］有关保护第三国侨民，他们的利益与财产的行政报告》，日本外务省
东亚局 1937 年工作报告的复印本

东京档案，日本外务省
"Jakino Shimpu no yukue fumei jiken"（The Incident Concerning the
Disappearance of Father Jacquinot)。A110. 30 - 11 - 2（K3. 6. Ⅱ）
有关饶家驹神父失踪的事件

手稿，美国国会图书馆
Nelson T. Johnson Papers. Correspondence with Stanley Hornbeck；

memos, vols. 31 - 32; box34: review of recent events in China, May 1938

詹森档案,与斯坦利·霍恩贝克的往来书信;备忘录:卷 31—32;box34:新近发生在中国的事件回顾,1938 年 5 月

Public papers and address of Franklin D. Roosevelt, vols. 6 - 8

富兰克林·罗斯福公开的文件和演讲,卷 6—8

美国国家档案文件管理局

Central Intelligence Agency File, RG 263, Shanghai Municipal Police Files

美国中央情报局档案,RG 263,上海市工部局警务处档案

Records of the Office of the Judge Advocate General, U. S. Army War Crimes Branch

海军军法署档案,美国陆军罪案调查处

Department of State, General Records, RG 59, decimal files, 811. 4611 France; 793. 94, 893. 48 - 893. 55, China

美国国务院,一般档案,RG 59,十进位制档案,811. 4611,法国; 793. 94, 893. 48—893. 55,中国

Department of State, General Records of Foreign Service Posts, RG84, Shanghai Consulate Files

美国国务院,驻外服务机构一般档案,RG84,上海领事馆档案

Correspondences: U. S. Consulate General, Shanghai, 1938, RG74, part 125, 842—850

往来信件:上海美国总领事馆,1938,RG74, part 125,842—850

Red Machine, RG457, box2 - 3, November 1937 - September 1938

"红色机器",RG457, box2 - 3,1937 年 11 月—1938 年 9 月

Office of Strategic Services Archives. Military Records Branch. "History of the Nazi Party in China," RG226, Box10, folder 86

战略情报局档案。军事档案处。"中国纳粹党的历史",RG226, Box10, folder 86

"Report of the Nanking International Relief Committee, November 1937 to April 30, 1939"

"南京国际救济会报告,1937 年 11 月至 1939 年 4 月 30 日"

The Story of the Jacquinot Zone, Shanghai, China. 48pp. Shanghai: Kelly& Walsh, 1939. RG 59, 811, 4611 France/114

《饶家驹安全区的故事》。共 48 页。上海:Kelly& Walsh, 1939. RG 59, 811, 4611 France/114

Universal Newspaper Newsreel，DNS. 3511 - 8DNS - 759
世界新闻短片，DNS. 3511 - 8DNS - 759

美国南卡罗莱纳大学电影资料馆

"First Pictures of the Fall of Shanghai to Canton Reds," April 1927，
MVTN B8173 -8177. "Sino Japanese Conflict," April 5,1932，MVTN 14
- 348.
"从上海陷落到广州赤色分子的最初的照片"，1927 年 4 月；"中日战争"，
1932 年 4 月 5 日

英属哥伦比亚大学

La Zone Jacquinot：Changhai，1937 -1939. 81pp. Shanghai：n. p.，n. d.
上海饶家驹安全区，1937—1939。共 81 页，上海，无版权页，无出版日期。

报纸和期刊

Catholic Review Shanghai（《圣教杂志》）
China Press（《大陆报》）
China Weekly Review（《密勒氏评论报》）
Journal de Shanghai（《法文上海日报》）
Herald of Asia（《亚洲先驱报》）
民主与法制时报（2006 年 2 月 5 日）
North China Daily News（《字林西报》）
North China Herald（《北华捷报》）
Oriental Affairs（《东方事件》）
Rape of Nanking. Video recording. New York：A ＆ E Television
Networks，1999
《南京大屠杀》（录像），纽约：A ＆ E 电视台，1999
Relations de Chine（《对华关系》）
Revue international de la Croix-Rouge（《红十字国际评论》），1939 - 1945
Shanghai Evening Post and Mercury（《大美晚报》）
Shanghai Times（《上海泰晤士报》）
《申报》
《新民晚报》
Catholic World（《天主教世界》）

Chinese Recorder(《教务杂志》)

Commonweal(《公共福利》)

New York Times(《纽约时报》)

Sign(《神迹》)

其他资料

Abend，Hallet. *My Life in China*，*1926 - 1941*. New York：Harcourt，
　　Brace&. Co. , 1943.

哈利特·阿本德:《我在中国的生活,1926—1941》

——. *Treaty Ports*. Garden City，N. Y. ：Doubleday，1944.

《通商口岸》

All about Shanghai：*A Standard Guidebook*. Hong Kong：Oxford
　　University Press,1983.

《上海大全:标准指南》

Amano，Keitarō. Dai tōa shiyō sōran[Director of Materials on Greater East
　　Asia]. Tokyo：Daigadō,1994.

天野启太郎:《大东亚研究资料目录》

American National Red Cross. *Annual Report of the American Red Cross*
　　for 1923.

美国红十字会:《美国红十字会年报,1923 年》

Asahi Shimbun Sha. Newsreel footage. Library of Congress，1937 - 1938，
　　nos. 190,207,228,312,552.

朝日新闻社:"新闻片",美国国会图书馆藏,1937—1938,编号:190,207,
　　228,312,552.

Association des Lieux de Genève，ed. *La guerre moderne et la protection*
　　des civils. Geneva，1943.

日内瓦地方协会编:《现代战争与对平民的保护》

Arturo，José. "Ha muerto el P. Robert Jacquinot, S. J. Un heroe gigantero
　　en las misiones. " *Siglo de las misiones* 33(1946)：455 - 456.

《海外传教的世纪》第 33 期(1946 年):455—456

Bailey，Gauvin Alexander. *Art on the Jesuit Missions in Asia and Latin*
　　America，*1542 - 1773*. Toronto：University of Toronto Press，1999.

格温·亚历山大·贝利:《耶稣会在亚洲和拉丁美洲传教的艺术,1542—
　　1773》

Ballard，J. G. *Empire of the Sun*：*A Novel*. New York：Simon &
Schuster，1984.

J・G・巴拉德:《太阳帝国》(小说)

Barber，Noel. *The Fall of Shanghai*. New York：McCann，& Geoghegan，
1979.

诺尔・巴伯:《上海的陷落》

Baum，Vicki. *Shanghai'37*. New York：Oxford University Press，1986.

维吉・鲍姆:《上海 1937》

Bays，Daniel H. ，ed. *Christianity in China*：*from the Eighteenth Century
to the Present*. Stanford：Stanford University Press，1996.

裴士丹主编:《基督教在中国:从 18 世纪到现在》

Bergere，Marie-Claire. "'The Other China's：Shanghai from 1919 - 1949."
In *Shanghai*：*Revolution and Development in an Asian Metropolis*，ed
Christopher Howe，pp. 1 - 34. Cambridge：Cambridge.

白吉尔:《另一个中国,1919—1949 年间的上海》,载克里斯托福・豪编:《上
海:革命与亚洲大都市的发展》

——. *The Golden Age of the Chinese Bourgeoisie*，*1911 - 1937*. New
York：Cambridge University Press，1989.

《中国资产阶级的黄金时代,1911—1937》

——. *Sun Yat-sen*. Stanford：Stanford University Press，1999.

《孙逸仙》

Bibliotheca missionum. Edited by Robert Streit O. M. I. ，Johannes
Dindinger O. M. I. ，et al. Freiburg：Herder，1951 - 1974.

《传教事业图书馆》

Bickers，Robert A. *Britain in China*：*Community*，*Culture and
Colonialism*，*1900 - 1949*. Manchester：University of Manchester
Press，1999.

毕可思:《在中国的英国人:社区、文化与殖民主义,1900—1949》

——. *Empire Made Me*：*An Englishman Adrift in Shanghai*. London：
Allen Lane，2003.

《帝国造就了我:一个英国流浪汉在上海》

Booker，Edna Lee. *News Is my Job*：*A Correspondent in War-Torn China*.
New York：Macmillan，1940.

埃德娜・李・布克:《新闻是我的职业:一名记者在饱经战乱的中国》

Boyle，John Hunter. *China and Japan at War*，*1937 - 1945*：*The Politics of Collaboration*. Stanford：Stanford University Press，1972.

约翰·亨特·博伊尔：《中日战争：合作的政治，1937—1945》

(此书中译本书名定为《中日战争时期的通敌内幕：1937—1945》(上、下册)，陈体芳、乐刻等译，商务印书馆 1978 年版——译者注)

Brook，Timothy. *Collaboration：Japanese Agents and Local Elites in Wartime China*. Cambridge，Mass.：Harvard University Press，2005.

卜正民：《协作：战时中国的日本间谍与地方精英》

——. ed.，*Documents on the rape of Nanking*. Ann Arbor：University of Michigan，1999.

《南京大屠杀史料》

Brossollet，Guy. *Les Francais de Shanghai，1849 - 1949*. Paris：Berlin，1999.

博肃礼：《法国人在上海，1849—1949》

Bruce，George C. *Shanghai's Undeclared War*. Shanghai：Mercury Press 1937.

乔治·布鲁斯：《上海：不宣而战》

Caldwell，Bo. *The Distant Land of My Father*. San Francisco：Chronicle Books，2001.

考德威尔：《父亲遥远的国度》

Candlin，Enid Saunders. *The Breach in the Wall：A Memoir of the Old China*. New York：Macmillan，1973.

伊妮德·桑德斯·坎德林：《城墙的豁口：旧中国回忆录》

Carey，Arch. *The War Years at Shanghai，1941 - 45 - 48*. New York：Vantage Press，1967.

阿奇·凯里：《在上海的战争岁月：1941—1945—1948》

Chamberlin，William Henry. "Asia's Irrepressible Conflict：A Distinguished Correspondent Analyzes the Background of the Present Battle." *Current History*，October 1937.

威廉·亨利·钱伯林：《亚洲无法阻挡的战争：一位著名记者对当前战争背景的分析》

Chang，Iris. *The Rape of Nanking：The Forgotten Holocaust of World War II*. New York：Basic Books，1997.

张纯如：《南京浩劫：二战中被遗忘的大屠杀》

(此书中译本书名定为《南京浩劫：被遗忘的大屠杀》，杨夏鸣译，东方出版社 2007 年版——译者注)

Chang, Kia-Ngau. *The Inflationary Spiral: The Experience in China, 1939 - 1950*. Cambridge, Mass.: The Technology Press of Massachusetts Institute of Technology; New York: John Wiley & Sons, 1958.

张嘉璈:《恶性通货膨胀:中国的经验,1939—1950 年》

Charles, Ronan and Bonnie Oh, eds. *East Meets West: The Jesuits in China, 1582 -1773*. Chicago: Loyola University Press, 1988.

查尔斯·罗南和波尼·欧编:《东西方相遇:中国的耶稣会士,1582—1773 年》

Chen, Joseph T. *The May Fourth Movement in Shanghai: The Making of a Social Movement in Modern China*. Leiden: E. J. Brill, 1971.

陈曾焘:《五四运动在上海:现代中国社会运动的形成》

Ch'i His-sheng. *Nationalist China at War: Military Defeats and Political Collapse, 1937 -1945*. Ann Arbor: University of Michigan Press, 1982.

齐锡生:《战时的国民党中国:军事溃败和政治瓦解,1937—1945》

国民政府救济水灾委员会:《国民政府救济水灾委员会报告书,1931—1932》,上海:1933 年。

Chou, Shun-hsin. *The Chinese Inflation, 1937 - 1949*. New York: Columbia University Press, 1963.

周舜莘:《中国的通货膨胀,1937—1949 年》

Clifford, Nicholas R. *Spoilt Children of Empire: Westerners in Shanghai and the Chinese Revolution of the 1920s*. Middlebury, Vt.: Middlebury College Press, 1991.

孔如轲:《帝国宠坏的孩子:上海的西方人与 1920 年代的中国革命》

Coble, Parks M. *Facing Japan: Chinese Politics and Japanese Imperialism, 1931 - 1937*. Cambridge, Mass.: Council on East Asian Studies, Harvard University, 1991.

柯博文:《面对日本:中国政治与日本帝国主义,1931—1937》
(中译本名为《走向"最后关头"——中国民族国家构建中的日本因素(1931—1937)》,马俊亚译,社会科学文献出版社 2004 年版。——译者注)

——. *Chinese Capitalists in Japan's New Order: The Occupied Lower Yangzi, 1937 -1945*. Berkeley: University of California Press, 2003.

《日本新秩序下的中国资本家:日本占领下的长江下游地区,1937—1945》

Cohen, Paul A. *History in Three Keys: The Boxers as Events, Experience, and Myth*. New York: Columbia University Press, 1997.

柯文:《历史三调:作为事件、经历和神话的义和团》

Compagnie de Jésus. *Lettres édifiantes et curieuses écrites des missions étrangères.* Paris: Nicolas Le Clere, 1707 - 76. New ed. 14 vols. Lyon: J. Vernarel, 1819.

耶稣会:《耶稣会士书简集》

Cronin, Victor. *The Wise Man from the West.* New York: Dutton, 1955.

维克多·克罗宁:《西方来的智者》

Darwent, E. C. *Shanghai: A Handbook for Travellers and Residents.* Shanghai: Kelly & Walsh, 1920.

达温特:《上海:旅游和居住手册》

Deacon, Richard. *Kempei Tai: The Japanese Secret Service Then and Now.* New York: Beaufort Books, 1983.

理查德·迪肯:《宪兵队:过去和现在的日本特务机关》

邓明主编:《上海百年掠影》,上海人民美术出版社 1992 年版。

Des Gouttes, Paul. "Les 75 premières de la Genève." *Revue Internationale de la Croix-Rouge 21* (July-December 1939).

《红十字国际评论》第 21 期(1939 年 7—12 月)

Diccionariohistórico de la Compañia de Jesús. 4 vols. Rome: Institutum Historicum; Madrid: Universidad Pontificia Comillas, 2001.

《耶稣会历史词典》

Dictionnaire de biographie francaise. Vol. 18: Humann-Lacombe. Paris: Letouzey & Ané, 1989 - 94.

《法国传记词典》

Dictionnaire du monde religieux dans la France contemporaine. Edited by Jean-Marie Mayeur and Yves-Marie Hilaire. Vol. I: *Les Jésuites.* Paris: Beauchesne, 1985.

《当代法国宗教人物词典》

Dirksen, Herbert von. *Moscow, Tokyo, London: Twenty Years of German Foreign Policy.* Norman: University of Oklahome Press, 1952.

赫伯特·冯·卡拉扬:《莫斯科,东京,伦敦:德国外交政策 20 年》

Donnelly, Francis P. , S. J. , *Principles of Jesuit Education in Practice.* New York: P. J. Kenedy & Sons, 1934.

弗朗西斯·唐纳利:《实践中的耶稣会教育的原则》

Duteil, Jean-Pierre. *Le mandat du ciel: Le role des jésuites en Chine, de la mort de Francois-Xavier à la Compagnie de Jésus, 1552 - 1774.* Lille:

A. N. R. T，Université de Lille Ⅲ，1993. Paris：Editions Arguments，
1994.

让-彼埃·迪代伊:《上天的使命,耶稣会士在中国的作用》

Duus，Peter，Ramon H. Myers，and Mark R. Peattie，eds. *The Japanese Informal Empire in China，1895 – 1937*. Princeton：Princeton University Press，1989.

皮特·杜斯,马若孟和马克·R. 皮提编:《日本在中国的非正式帝国,
1895—1937》

Eastman，Lloyd E. *Seeds of Destruction：Nationalist China in War and Revolution，1937 – 1949*. Stanford：Stanford University Press，1984.

易劳逸:《毁灭的种子:战争与革命中的国民党中国(1937—1949)》

Elvin，Mark. "The Administration of Shanghai." In *The Chinese City between Two World*，ed. Mark Elvin and G. William Skinner ，pp. 239 – 62. Stanford：Stanford University Press，1974.

伊懋可:《上海的行政》,载伊懋可和施坚雅主编:《两个世界之间的中国城市》

Fairbanks，John King. *Trade and Diplomacy on the China Coast：The Opening of the Treaty Ports，1842 – 1854*. Stanford：Stanford University Press,1969.

费正清:《中国沿海的贸易与外交:通商口岸的开放,1842—1854》

Feetham，Richard. *Report of the Honorable Richard Feetham，C. M. G.，Judge of the Supreme Court of the Union of South Africa to the Shanghai Municipal Council*. 3vols. Shanghai：North China Daily News and Herald,1931.

费唐:《费唐法官研究上海公共租界情形报告书》

Feng Yi，"Elites locales et solidarites régionales：L'aide aux réfugiés à Shanghai(1937 – 1940). "*Études chinoises* 15，nos. 1 – 2(Spring_Autumn 1996).

Finch，Percy. *Shanghai and Beyond*. New York：Scribner，1953.

冯齐:《上海与外界》

Fighting Around Shanghai. Tokyo：Herald Press，1932.

《上海周围的战斗》

Fogel，Joshua A. ，ed. *The Nanking Massacre in History and Historiography*. Berkeley：University of California Press，2000.

傅佛果主编:《历史上与历史学中的南京大屠杀》

Fu，Poshek. *Passivity，Resistance，and Collaboration：Intellectual Choices* in Occupied Shanghai, 1937 – 1945. Stanford: Stanford University Press，1993.

傅葆石:《顺从、抗拒与合作:战时上海知识界的选择,1937—1945》

Fujiwara, Akira. *Nankin daigyakusatsu* [Nanjing Massacre]. Tokyo: Iwanami Shoten，1988.

藤原明:《南京大屠杀》

Gernet, Jacques. *China and the Christian Impact: A Conflict of Culture.* New York: Cambridge University Press，1985.

谢和耐:《中国和基督教:一次文化冲撞》

(中译本作《中国文化与基督教的冲撞》,于硕等译,辽宁人民出版社 1989 年版;又作《中国和基督教—— 中国和欧洲文化之比较》,耿升译,上海古籍出版社 1991 年版。——译者注)

Glines, Carroll V. *The Doolittle Raid: America's Daring First Strike Against Japan.* New York: Orion Books，1988.

戈林斯:《杜利特尔行动:美国第一次对日本进行大胆的袭击》

《工部局董事会会议录》,28 册,上海古籍出版社 2001 年版。

Goodman, Bryna. *Native Place, City, and Nation: Regional Networks and Identities in Shanghai, 1853 – 1937.* Berkeley: University of California Press，1995.

顾德曼:《家乡、城市和国家——1853—1937 年上海的区域网络和认同》

Goto-Shibate, Harumi. *Japan and Britain in Shanghai, 1925 – 1931.* New York: St. Martin's Press，1995.

后藤春美:《上海的日英关系,1925—1931》

Le Guerre Moderne et la Protection des Civils, Secrétariat Génétariat des Lieux de Genéve. Genéve: Château Banquet，1943.

《现代战争与对平民的保护》

Hahn, Emily. *China to Me: A Partial Autobiography.* Garden City, N. Y.: Doubleday, Doran，1944.

项美丽:《我的中国》

Hauser, Ernest O. *Shanghai: City for Sale.* New York: Harcourt, Brace，1940.

霍塞:《出卖上海滩》

Hayward, Victor E. W. *Christians and China.* Belfast: Christian Journals Limited，1974.

海维德:《基督徒与中国》

贺圣遂,陈麦青编选:《沦陷痛史》,复旦大学出版社 1999 年版。

Henriot, Christian. *Bells de Shanghai : Prostitution et sexualité en Chine aux XIX e-XX E siécles*. Paris: CNRS, 1997.

安克强:《上海妓女——19—20 世纪中国的卖淫与性》

——. *Shanghai, 1927 – 1937 : Municipal Power, Locality, and Modernization*. Translated by Noel Castelino. Berkeley: University of California Press, 1993.

《1927—1937 年的上海:市政权、地方性与现代化》

Henriot, Christian, and Yeh Wen-Hsin, eds. *In the Shadow of the Rising Sun : Shanghai Under Japanese Occupation*. Cambridge: Cambridge University Press, 2006.

安克强和叶文心主编:《升起的太阳下的阴影:日据时代的上海》

Herald of Asia, nos. 6 - 8. Tokyo: Herald Press.

《亚洲先驱报》

Hirota, Kōki Denki Kankōkai [Committee for the publication of Hirota Kōki's biography], comp. *Hirota Kōki*. Fukuoka: Ashi Shobō, 1996.

广田弘毅传记出版委员会编:《广田弘毅》

Honda, Katsuichi. *The Nanjing Massacre : A Japanese Journalist Confronts Japan's National Shame*. Armonk, N. Y. : M. E. Sharpe, 1992.

本多胜一:《南京大屠杀》

Honig, Emily. *Creating Ethnicity : Subei People in Shanghai, 1850 – 1980*. New Haven, Conn. : Yale University Press, 1992.

韩起澜:《族群形成:上海的苏北人,1850—1980》

Hicks, George. *The Comfort Women : Japan's Brutal Regime of Enforced Prostitution in the Second World War*. New York: Norton, 1994.

乔治·希克斯:《慰安妇》

Hsia, Ching-lin. *The Status of Shanghai : A Historical Review of the International Settlement*. Shanghai: Kelly & Walsh, 1929.

夏晋麟:《上海的地位:公共租界的历史回顾》

Hsü Shu-hsi. *A Digest of Japanese War Conduct*. Shanghai: Kelly & Walsh, 1939.

徐淑希:《日人战争行为要论》

——. *Documents of the Nanking Safety Zone*. Shanghai: Kelly & Walsh, 1939.

《南京安全区档案》

——. *Japan and Shanghai*. Shanghai：Kelly & Walsh，1938.

《日本与上海》

Hu Hua-ling. *American Goddess at the Rape of Nanking*：*The Courage of Minnie Vautrin*. Carbondale：Southern Illinois University Press，2000.

胡华玲：《南京大屠杀中的美国活菩萨：舍命保护妇女的魏特琳》

Huebner，Jon W. "Old Shanghai Revisited，" *American Asian Review* 5，no. 3(Fall 1987)：84 - 104.

胡布纳：《重访老上海》，载《美国亚洲评论》

Hunter，Janet E.，comp. *Concise Dictionary of Modern Japanese History*. Berkley：University of California Press，1984.

珍妮特·亨特编：《日本现代史简明词典》

Hutchison，William R. *Errand to the World*：*American Protestant Thought and Foreign Mission*. Chicago：University of Chicago Press，1987.

威廉·哈钦森：《全世界的任务：美国的新教与国外传教》

International Military Tribunal for the Far East. *The Tokyo War Crimes Trial*. Edited by R. John Pritchard and Sonia Magbanua Zaide. New York：Garland，1981.

远东国际军事法庭：《东京审判》

Iriye，Akita. *Power and Culture*：*The Japanese-American War*，*1941 - 1945*. Cambridge，Mass.：Harvard University Press，1981.

入江昭：《实力与文化：日美战争，1941—1945 年》

Ishii，Vicount Kikujiro. "History Repeats Itself." *Contemporary Japan*：*A Review of Japanese Affairs* 7，no. 2(September 1938)：228 - 236.

石井菊次郎：《历史重复自身》，载《当代日本：日本政治事务回顾》

Japan. Ministry of Foreign Affairs. *Gaimushō*. *Shitsumu hōkuku*：*Tōa kyok* (Reprints of 1937 Work Report，East Asia Bureau). Tokyo：Kuresu Shuppan，1993.

日本外务省：《东亚局 1937 年工作报告的重印本》

Japonicus(sic). "Les Zones Jacquinot." *Lettres de Jersey*，vol. 1937 - 1938，pp. 93 - 106.

《饶家驹安全区》，载《耶稣会信札》1937—1938 年卷

Johnson，Linda Cooke. *Shanghai*：*From Market Town to Treaty Port*，*1074 - 1858*. Stanford：Stanford University Press，1995.

林达·约翰逊：《上海：从市镇到通商口岸，1074—1858》

——. "Shanghai: Emerging Jiangnan Port, 1683 – 1840." In *Cities of Jiangnan in Late Imperial China*, ed. Linda Cooke Johnson, pp. 151 – 81. Albany: State University of New York Press, 1993.

《上海:一个正在崛起的江南港口城市,1683—1840》,载林达·约翰逊主编:《帝国晚期的江南城市》

Johnston, Tess, and Deke Erh. *A Last Look: Western Architecture in Old Shanghai*. Hong Kong: Old China Hand Press, 1993.

江似虹、尔东强:《最后一瞥:老上海的西式建筑》

Johnstone, William C., Jr. *The Shanghai Problem*. Stanford: Stanford University Press, 1937.

威廉·约翰斯顿:《上海问题》

Jordan, Donald A. *China's Trial by Fire: The Shanghai War of 1932*. Ann Arbor: University of Michigan Press, 2001.

唐纳德·乔丹:《中国遭受战火的考验:1932年的淞沪战争》

Kengelbacher, Peter. *Shanghai 1937: Photographs of Karl Kengelbacher*, www. japan. guide. com/a/shanghai (accessed October 1,2007)

彼得·肯格巴赫:《1937年的上海:卡尔·肯格巴赫拍摄的照片》

Kirby, William C. *Germany and Republican China*. Stanford: Stanford University Press,1984.

柯伟林:《德国与中华民国》

——. "The Internationalization of China: Foreign Relations at Home and Abroad in the Republican Era." *China Quarterly*, no. 150(June 1997): 433 – 58.

《中国的国际化:民国时代的外交关系》,载《中国季刊》

Kounin, I. I. *Eighty-Five Years of the Shanghai Volunteer Corps*. Shanghai: Cosmopolitan Press, 1938.

康尼:《万国商团85年》

Ladany, Laszlo. *The Catholic Church in China*. New York: Freedom House, 1987.

劳达一:《中国的天主教堂》

Lary, Diana, and Stephen MacKinnon, eds. *Scars of War: The Impact of Warfare on Modern China*. Vancouver: University of British Columbia Press,2001.

戴安娜·拉里和麦金农主编:《战争伤痕:战争对现代中国的影响》

Leck, Greg. *Captives of Empire: The Japanese Internment of Allied*

Civilians in China, 1941 - 1945. Bangor, Pa.：Shandy Press，2006.

莱克:《帝国的俘虏:日本在中国扣留的盟国平民,1941—1945》

Lee，Elizabeth. *A Letter to My Aunt*. New York：Carlton Press，1981.

伊丽莎白·李:《致姑姑的一封信》

Li，Fei fei，Robert Sabella，and David Liu，eds. *Nanking 1937：Memory and Healing*. Armonk，N. Y.：M. E. Sharpe，2002.

李飞飞等编:《南京 1937 年:记忆与复原》

Liu F. F. *A Military History of Modern China*，1924 - 1949. Westport，Conn：Greenwood Press，1956.

刘毕摩夫:《中国现代军事史》

Lu Suping. *They Were in Nanking：The Nanjing Massacre Witnessed by American and British Nations*. Hong Kong：Hong Kong University Press，2004.

陆束屏:《南京大屠杀——英美人士的目击报道》

Lutz，Jessie. *Chinese Politics and Christian Mission：The Anti-Christian Movements of 1920 - 1928*. Notre Dame，Ind.：Cross Cultural Publication，1988.

鲁珍晞:《中国政治与传教士:1920—1928 年的非基督教运动》

MacKinnon，Stephen. "The Tragedy of Wuhan，1938." *Modern Asia Studies* 30，no. 4(1966):931 - 43.

麦金农:《武汉悲剧,1938 年》,载《现代亚洲研究》

Madsen，Richard. *China's Catholics：Tragedy and Hope in an Emerging Civil Society*. Berkeley：University of California Press，1998.

赵文词:《中国的天主教徒:正在崛起中的市民社会的悲剧与希望》

Malcom-Kluge，Mary. *Highlights of a Life*. Paris：1997.

玛丽·马尔科姆-克卢格:《生命中的精彩》

Mancall，Mark. *China at the Center：300 Years of Foreign Policy*. New York：Free Press，1984.

马克·曼考尔:《位居中央的中国:对外政策三百年》

Maruyama Masao. "Theory and Psychology of Ultranationalism." *Japan Echo*，special issue，1997.

丸山正雄:《极端民族主义的理论与心理》

Martin，Arthur W.，Jr. "Autobiography." Unpublished manuscript.

阿瑟·马丁:《自传》,未出版的手稿。

Martin，Brian G. *The Shanghai Green Gang：Politics and Organized*

Crime，1919 - 1937. Berkeley：University of California Press，1996.
布赖恩·马丁:《上海青帮》

Matsui Iwane. *Matsui Iwane Taishō senjin nikki*〔General Matsui Iwane's campaign diary〕. In *Nanking senshi shiryō-shū* Ⅱ〔Collection of Nanjing military campaign materials〕. Tokyo：Kaikōsha，1993.
松井石根:《松井石根将军战地日记》,载《南京战役资料集》

Mayeur，Jean-Marie and Yves-Marie Hilaire. *Dictionnaire du Monde Religieux dans la France Contemporaine*，vol. I. Paris：Beauchesne，1985.
《当代法国宗教人物词典》

Meehan，John D.，S. J. "The Savior of Shanghai：Robert Jacquinot, S. J.，and His Safety Zone in a City at War，1937." *Company*，Spring 2006，pp. 16 - 21.
约翰·戴维·米汉:《上海的救世主:饶家驹神父和他在 1937 年战时上海的安全区》

——. "Un îlot de refuge：la 'Zone Jacquinot' et la guerre à Shanghai，1937." Unpublished paper. n. d.
"一个避难所:'饶家驹安全区'与 1937 年上海战事"

Mendizábal，P. Rufo，S. J. *Catalogus Defunctorum in renata Societate Iesu，1814 - 1970*. Rome，Curia P. Gen，1972.
《耶稣会新文献目录,1814—1970》

Meskill，Johanna Menzel. *Hitler & Japan：The Hollow Alliance*. New York：Atherton Press，1996.
麦斯基尔:《希特勒与日本:空洞的联盟》

Millard，Thomas. *China，Where It Is Today and Why*. Shanghai：Kelly & Walsh，1928.
密勒·托马斯:《中国:今日问题的核心所在,为什么?》

Miller，G. E. *Shanghai：Paradise of Adventures*. New York：Orsay Publishing House，1937.
爱狄密勒:《上海:冒险家的乐园》

Minamiki，George，S. J. *The Chinese Rites Controversy from Its Beginning to Modern Times*. Chicago：Loyola University Press，1985.
南木:《中国礼仪之争》

Mungello，David E. *The Great Encounter of China and the West，1500 - 1800*. Lanham，Md.：Rowman & Littlefield，2005.

孟德卫：《1500—1800：中西方的伟大相遇》

——. *The Forgotten Christians of Hangzhou*. Honolulu：University of Hawaii Press，1994.

《被遗忘的杭州基督徒》

——. *Curious Land*：*Jesuit Accommodation and the Origins of Sinology*. Honolulu：University of Hawaii Press，1989.

《奇异的国度：耶稣会适应政策及汉学的起源》

Murphy，Rhoads. *Shanghai*：*Key to Modern China*. Cambridge，Mass.：Harvard University Press，1953.

罗兹. 墨菲：《上海：现代中国的钥匙》

Nankin Senshi Shiyōshū：II［Collection of materials concerning Nanjing military operations］. Tokyo：Kaikōsha，1993.

《南京战役资料集》

Negroponte，John D. "Protection of Humanitarian Personnel in Conflict Zones." Statement in the United National Security Council，August 26，2003.

约翰·内格罗蓬特：《对交战区域人道主义人员的保护》，在联合国安理会的讲话，2003 年 8 月 26 日。

Nish，Ian Hill. *The Origins of the Russo-Japanese War*. London：Longman，1985.

伊恩·希尔·尼什：《日俄战争的起源》

"An Overview of Relations Between China and Japan，1895‐1945." *China Quarterly*，no. 124 December 1990：601‐623.

《中日关系概括，1895—1945》，载《中国季刊》

The Nanking Atrocities（Online Documentary）. University of Missouri-Columbia University，2000. www. Nankinggatrocities. net（accessed August 28，2007）

《南京暴行》（网上纪录片）

Ogata，Sadako. *The Turbulent Decade*：*Confronting the Refugee Crisis of the 1990s*. New York：Norton，2005.

绪方贞子：《动荡的十年：1990 年代面临的难民危机》

Oliver，Jay C. "Shanghai Chinese YMCA Refuge work." Presentation for Christian Broadcasting Station，April 14，1938.

伍立夫：《上海中国基督教青年会的难民工作》，1938 年 4 月 14 日在基督教广播电台播出

Oliver Papers,University of Oregon,Knight Library.

伍立夫档案,俄勒冈大学奈特图书馆藏

Pan,Ling. *In Search of Old Shanghai*. Hong Kong:Joint Publishing Company,1982.

潘翎:《寻找旧上海》

——. *Old Shanghai:Gangsters in Paradise*. Hong Kong:Heinemann Asia,1984.

《旧上海:黑帮的天堂》

Pan,Lynn. *Shanghai:A Century of Change in Photographs,1843 - 1949:The End of an Era*. New York:New Amsterdam Books,1990.

潘林:《上海:照片中折射出的一个世纪的变化,1843—1949:一个时代的结束》

Patent,Gregory. *Shanghai Passage*. New York:Clarion Books,1990.

格雷戈里:《上海通道》

Peattie,Mark R. "Japanese Treaty Port Settlements in China,1895 - 1937." In *The Japanese Informal Empire in China*, ed. Peter Duus, Ramon H. Myers,and Mark R. Peattie,PP. 166 - 209. Princeton: Princeton University Press,1989.

马克·皮蒂:《日本在中国通商口岸的租界,1895—1937》

Perruchoud,Richard. *Les resolutions des conferences internationales de la Croix-Rouge*. Geneva:Institute Henry-Dunant,1979.

里夏尔:《国际红十字会会议决议案》

Pinot,Virgile. *La Chine et la formation de l'esprit philosophique in France,1640 -1740*. 1932. Reprint. Geneva:Slatkine,1971.

维吉尔·毕诺:《中国对法国哲学思想形成的影响,1640—1740》

Pott,F. L. Hawks. *A Short History of Shanghai*. Shanghai:Kelly & Walsh,1937.

卜舫济:《上海简史》

Powell,John B. *My Twenty-Five Years in China*. New York:Macmillan, 1945.

约翰·本杰明·鲍惠尔:《在中国二十五年》

Presseisen,Ernst L. *Germany and Japan:A study in Totalitarian Diplomacy,1933 -1941*. The Hague:Martinus Nijhoff,1958.

厄恩斯特:《德国与中国:极权主义外交研究,1933—1941》

Rabe,John. *The Good Man of Nanking:The Diaries of John Rabe*. New

York：Knopf，1998.

约翰·拉贝：《南京好人：拉贝日记》

Rape of Nanking. Video recording. New York：A ＆ E Television Networks，1999.

《南京大屠杀》，录像

Ricci，Matteo. *China in the Sixteenth Century：The Journals of Matthew Ricci：1583 - 1610*. New York：Random House，1953.

利玛窦：《16 世纪的中国，利玛窦札记：1583—1610》

Rigby，Richard W. *The May 30 Movement：Events and Themes*. Canberra：Australian National University Press，1980.

里格比：《五卅运动：事件与主题》

Ristanio，Marcia R. *China's Art of Revolution：The Mobilization of Discontent，1927 and 1928*. Durham，N. C.：Duke University Press，1987.

阮玛霞：《中国革命的艺术：1927—1928 年间不满情绪的煽动》

———. *Port of Last Resort：The Diaspora Communities of Shanghai*. Stanford：Stanford University Press，2001.

《最后的容身之港：上海的侨民社团》

Rivière，Claude. *En Chine avec Teilhard：Lettres inédites de P. Teilhard de Chardin*. Paris：Seuil，1968.

克劳德·李维尔：《德日进未刊信札：在中国生活期间》

Roberts，Adam. "The Role of Humanitarian Issues in International Politics in the 1990s." *International Review of the Red Cross*，no. 833(1999).

亚当·罗伯茨：《人道主义问题在 1990 年代国际政治中的作用》，载《红十字国际评论》

Roosevelt，Franklin D. "Quarantine Speech." October 5，1937. www. vlib. us/amdocs/texts/fdrquarn. html(accessed August 28，2007)

富兰克林·罗斯福：《隔离演讲词》

Rosso，Antonio Sisto. *Apostolic Legations to China of the Eighteenth Century*. South Pasadena，Calif.：P. D. and I. Perking，1948.

安东尼奥·西斯托·罗梭：《18 世纪使华天主教使团》

Rowbotham，Arnold. *Missionary and Mandarin：The Jesuits at the Court of China*. New York：Russell ＆ Russell，1966.

罗伯撒姆：《传教士与满清官员——中国宫廷中的耶稣会士》

Rowe，William T. *Hankou：Conflict and Community in a Chinese City，*

1796 - 1895. Stanford：Stanford University Press，1989.

罗威廉：《汉口：一个中国城市的冲突与社区，1796—1895》

Schrecker, John E. *Imperialism and Chinese Nationalism：Germany in Shantung*. Cambridge, Mass.：Harvard University Press，1971.

石约翰：《帝国主义与中国的民族主义：德国在山东》

Sebes, Joseph, S. J. *The Jesuits and the Sino-Russian Treaty of Nerchinsk (1689)*. Rome：Institutum Historicum S. I.，1961.

约瑟夫·塞比斯：《耶稣会士与〈中俄尼布楚条约〉》

Sergeant, Harriet. *Shanghai：Collision Point of Culture，1918 - 1939*. New York：Crown，1990.

哈丽德·萨金特：《上海：文化碰撞之地，1918—1939》

Shanghai Affair：Tokyo：Herald Press，1932.

《上海事件》

《上海市年鉴》，上海：1935。

Shiroyama Saburo. *War Criminal：The Life and Death of Hirota Kōki*. Translated by John Bester. Tokyo：Kodansha International，1977.

城山三郎：《战犯：广田弘毅的生与死》

Silva, Frederic A. Todo o nosso passado：os filhos de Macau, sua História e heranca/*All Our Yesterdays：The Sons of Macao，Their History and Heritage*. Translated by Maria Alice Morais Jorge and Cecília Jorge. Macao：Livros do Oriente，1996.

弗雷德里克·席尔瓦：《我们所有的昨天：澳门之子，他们的历史与遗产》

Simpson, John Hope. *Refugees：Preliminary Report of a Problem*. London：Royal Institute of International Affairs，1938.

邢普森：《难民们：关于该问题的初步报告》

——. *The Refugee Problem：Report of a Survey*. London：Oxford University Press，1939.

《难民问题：调查报告》

Smedley, Agnes. *Battle Hymn of China*. New York：Knopf，1943.

史沫特莱：《战争颂歌》

Smythe, Lewis S. C. *War Damage in the Nanking Area，December 1937 to March 1938*. Nanking：Nanking International Relief Committee，1938.

史迈士：《战争对南京地区的破坏，从 1937 年 12 月到 1938 年 3 月》

Steele, A. T. *Shanghai and Manchuria，1932：Recollections of War Correspondent*. Tempe：Center for Asian Studies，Arizona State

University，1977.

A. T. 斯蒂尔:《上海与满洲,1932 年:一名战地记者的回忆》

Story of the Jacquinot Zone，*Shanghai China*. Shanghai：Kelly & Walsh，
    1939. Copy in RG59,811,4611 France/114.

《饶家驹安全区的故事》

Stranahan，Patricia. *Underground*：*The Shanghai Communist Party and
    the Politics of Survival*，*1927 - 1937*. Lanham，Md.：Rowman &
    Littlefield，1998.

斯塔纳罕:《上海地下党与生存政治,1927—1937》

——. "Radicalization of Refugees," *Modern China* 26，no. 2（April 2000）：
    166 - 193.

《难民的激进化》

Streit，R. *Bibliotheca Missionum*. Aachen，1916.

斯特赖特:《传教事业图书馆》

Sun，You-Li. *China and the Origins of the Pacific War*，*1931 - 1941*.
    New York：St. Martin's Press，1993.

孙有利(音):《中国与太平洋战争的起源,1931—1941》

孙宅巍:《南京大屠杀》,北京出版社 1997 年版。

Tang，Edmond，and Jean-Paul Wiest，eds. *The Catholic Church in Modern
    China*. Maryknoll，N. Y.：Orbis Books，1993.

唐和魏杨波编:《近代中国的天主教透视》

Tata，Sam（photographer）. *Shanghai 1949*：*The End of an Era*.
    Introduction by Ian McLachlan. New York：New Amsterdam
    Books，1990.

塞姆·塔塔(摄影者):《上海 1949:一个时代的结束》,导言是伊恩·麦克拉
    克伦写的。

Teihard de Chardin，Pierre. *Le phenomena humain*. Paris：Seuil，1955.
    Translated by Bernard Wall as *The Phenomenon of Man*（New York：
    Harper & Row，1959）.

德日进:《人的现象》

Thomas，Hugh. *The Spanish Civil War*. New York：Harper &
    Row，1977.

胡格·托马斯:《西班牙内战》

Thomson，David. *Democracy in France Since 1870*. New York：Oxford
    University Press，1964.

大卫·汤姆森:《1870 年以来法国的民主》

Timperley，J. S. *What War Means：The Japanese Terror in China：A Documentary Record*. London：Gollancz，1938.

田伯烈编:《外人目睹中之日军暴行》

Uhalley，Stephen，and Xiaoxin Wu，eds. *China and Christianity：Burdened Past Hopeful Future*. Armonk，N. Y. ：M. E. Sharpe，2001.

斯蒂芬·乌哈利等编:《中国与基督教》

United Nations. *Report of the Secretary-General on Protection for Humanitarian Assistance to Refugees and Others in Conflict Situations*. S/1998/883. September 22，1998. http：//daccessdds. un. org/doc/ UNDOC/GEN/N98/276/77/PDF/N9827677. pdf？ OpenElement (accessed August 28，2007)

联合国:《联合国秘书长就在战争条件下对难民和其他人进行人道主义援助时提供保护所做的报告》

United States. Department of State. *Papers Relating to the Foreign Relations of the United States：Japan，1931-1941*. 2 vol. Washington，D. C. ：GPO，1943.

美国国务院:《美国对外关系文件:日本,1931—1941》

——. *Foreign Relations of the United States：Diplomatic Papers，1940*，5vols. Washington，D. C. ：GPO，1955-61.

《美国对外关系:外交文件,1940》

Uyehara，Cecil H. *Chechlist of Archives in the Japanese Ministry of Foreign Affairs，Tokyo，Japan，1868-1945*. Washington，D. C. ：Library of Congress，1954.

塞西尔·乌耶哈拉:《日本外务省档案目录,1868—1945》

Van de Ven，Hans J. *War and Nationalism in Shanghai，1925-1945*. New York：Routledge-Curzon，2003.

方德万:《战争与上海的民族主义,1925—1945》

Wakeman，Frederic，Jr. *Policing Shanghai，1927-1937*. Berkley：University of California Press，1995.

魏斐德:《上海警察,1927—1937》

——. *The Shanghai Badlands：Wartime Terrorism and Urban Crime，1937-1941*. Cambridge：Cambridge University Press，1996.

《上海歹土:战时恐怖主义与城市犯罪,1937—1941》

Wakeman, Frederic, Jr. , and Wen-hsin Yeh, eds. *Shanghai Sojourners*. Berkeley, Calif. : Institute of East Asian Studies, 1992.

魏斐德和叶文心主编:《上海旅居者》

Wasserstein, Bernard. *Secret War in Shanghai: Treachery, Subversion and Collaboration in the Second World War*. London: Profile Books, 1998.

伯纳德·瓦萨斯坦:《上海的秘密战争:二战时一个从未讲过的间谍、阴谋和反叛的故事》

Wei, Betty Peh-t'i. *Shanghai: Crucible of Modern China*. Hong Kong: Oxford University Press, 1987.

魏白蒂:《上海:现代中国的熔炉》

Who's Who in China. 5th ed. Shanghai: China Weekly Review, 1936.

《中国名人录》(第 5 版)

Who's Who in China. Supplement to the 5th ed. Shanghai: China Weekly Review, 1940.

《中国名人录》(第 5 版补编)

Whyte, William Foote. *Street Corner Society: The Social Structure of an Italian Slum*. Chicago: University of Chicago Press, 1943.

威廉·富特·怀特:《街角社会》

Wiest, Jean-Paul. *The Maryknoll in China: A History, 1918 - 1955*. Maryknoll, N. Y. : Orbis Books, 1997.

魏扬波:《马利诺会在中国的历史,1918—1955 年》

Wright, Gordon. *France in Modern Times: From the Enlightenment to the Present*. 5th ed. New York: Norton, 1995.

赖恩尼:《现代法国:从启蒙运动到现在》

Xu Chi. "Qichuang de Shanghai." In *Jieho de Shanghai*. Shanghai: Zhanshi chu banshe, 1938.

徐迟:《起床的上海》,载《结合的上海》,上海:战时出版社 1938 年版。

Yamamoto, Masahiro. *Nanking: Anatomy of an Atrocity*. Westport, Conn. : Praeger, 2000.

山本雅弘:《南京暴行剖析》

——. "A Tale of two Atrocities: American Historiography of the 'Rape of Nanking' in Comparison with the Case of James Bacque's *Other Losses*." *Virginia Review of Asian Studies* Ⅱ (Fall 2000).

《两类暴行的故事:美国历史著作〈南京大屠杀〉与詹姆斯·贝的〈其他的损

失〉之比较》,载《弗吉尼亚亚洲研究评论》

Yang, Daqing. "The Challenges of the Nanjing Massacre: Reflections on Historical Inquiry." In *The Nanjing Massacre in History and Historical Historiography*, ed. Joshua A. Fogel. Berkeley: University of California Press, 2000.

杨大庆:《南京大屠杀的挑战》

Ye, Xiaoqing. "Shanghai Before Nationalism." *East Asian History*, no. 3 (June 1991): 33 - 52.

叶晓青:《民族主义兴起前后的上海》

Yeh, Wen-hsin. "Shanghai Modernity: Commerce and Culture in a Republican City." *China Quarterly*, no. 150(1997): 375 - 394.

叶文心:《上海的现代性:一个民国城市的商业与文化》,载《中国季刊》

——. ed. *Wartime Shanghai*. New York: Routledge, 1998.

《战时上海》

Yin, James. *The Rape of Nanking: An Undeniable History in Photographs*. Edited by Ron Dorfman and Shi Yong. Chicago: Innovative Publishing Group, 1996.

詹姆斯:《南京大屠杀》

Yip, Ka-che. *Religion, Nationlism, and Chinese Students: The Anti-Christian Movement of 1922 - 1927*. Bellingham: Center for East Asian Studies, Western Washington University, 1980.

叶嘉炽:《宗教、民族主义和中国学生:1922—1927 年的反基督教运动》

——. *Health and Reconstruction in Nationalist China: the Development of Modern Health Services, 1928 - 1937*. Ann Arbor, Mich.: Association for Asian Studies, 1995.

《卫生与国民党中国的重建:现代卫生事业的发展,1928—1937》

赵朴初:《抗战初期的上海难民工作》,《历史研究资料》第 4 辑(1986 年),第 31—50 页。

La Zone Jacquinot: Changhai, 1937 - 1939. 81pp. Shanghai: n. p., n. d. Copy in University of British Columbia Library.

《上海饶家驹安全区,1937—1939》

采访

1989 年 2 月 11 日,在弗吉尼亚州阿灵顿,采访格特鲁德·布赖恩(Bryan,

Gertrude)。

1963 年,在德国科隆,采访福克斯(Walter Fuchs)。

1995 年 2 月 26 日,在马里兰州贝塞斯达,采访胡文安(音)和佩吉·胡 (Peggy Hu)。

1996 年 9 月 11 日,在华盛顿,采访 Ishiguro Kenji。

2006 年 3 月 5 日,电话采访费尔南德·莫诺(Fernande Monnot)。

1989 年 3 月 23 日,电话采访 de Stackelberg, Baroness Garnett。

2005 年 8 月 5 日,在华盛顿,采访 Liliane Willens。

2007 年 1 月 2—3 日,在加利福尼亚州核桃溪,采访葆琳·威特(Pauline Witt)。

"海外中国研究丛书"书目

157. 行善的艺术:晚明中国的慈善事业(新译本) [美]韩德玲 著 曹晔 译
158. 近代中国的渔业战争和环境变化 [美]穆盛博 著 胡文亮 译
159. 权力关系:宋代中国的家族、地位与国家 [美]柏文莉 著 刘云军 译
160. 权力源自地位:北京大学、知识分子与中国政治文化,1898—1929 [美]魏定熙 著
     张蒙 译
161. 工开万物:17世纪中国的知识与技术 [德]薛凤 著 吴秀杰 白岚玲 译
162. 忠贞不贰:辽代的越境之举 [英]史怀梅 著 曹流 译
163. 内藤湖南:政治与汉学(1866—1934) [美]傅佛果 著 陶德民 何英莺 译
164. 他者中的华人:中国近现代移民史 [美]孔飞力 著 李明欢 译 黄鸣奋 校
165. 古代中国的动物与灵异 [英]胡司德 著 蓝旭 译
166. 两访中国茶乡 [英]罗伯特·福琼 著 敖雪岗 译
167. 缔造选本:《花间集》的文化语境与诗学实践 [美]田安 著 马强才 译
168. 扬州评话探讨 [丹麦]易德波 著 米锋 易德波 译 李今芸 校译
169. 《左传》的书写与解读 李惠仪 著 文韬 许明德 译
170. 以竹为生:一个四川手工造纸村的20世纪社会史 [德]艾约博 著 韩巍 译 吴秀杰 校
171. 东方之旅:1579—1724耶稣会传教团在中国 [美]柏理安 著 毛瑞方 译
172. "地域社会"视野下的明清史研究:以江南和福建为中心 [日]森正夫 著 于志嘉 马一虹 阿风
     黄东兰 阿风 等译
173. 技术、性别、历史:重新审视帝制中国的大转型 [英]白馥兰 著 吴秀杰 白岚玲 译
174. 中国小说戏曲史 [日]狩野直喜 张真 译
175. 历史上的黑暗一页:英国外交文件与英美海军档案中的南京大屠杀 [美]陆束屏 编著/翻译
176. 罗马与中国:比较视野下的古代世界帝国 [奥]沃尔特·施德尔 主编 李平 译
177. 矛与盾的共存:明清时期江西社会研究 [韩]吴金成 著 崔荣根 译 薛戈 校译
178. 唯一的希望:在中国独生子女政策下成年 [美]冯文 著 常姝 译
179. 国之枭雄:曹操传 [澳]张磊夫 著 方笑天 译
180. 汉帝国的日常生活 [英]鲁惟一 著 刘洁 余霄 译
181. 大分流之外:中国和欧洲经济变迁的政治 [美]王国斌 罗森塔尔 著 周琳 译 王国斌 张萌 审校
182. 中正之笔:颜真卿书法与宋代文人政治 [美]倪雅梅 著 杨简茹 译 祝帅 校译
183. 江南三角洲市镇研究 [日]森正夫 编 丁韵 胡婧 等译 范金民 审校
184. 忍辱负重的使命:美国外交官记载的南京大屠杀与劫后的社会状况 [美]陆束屏 编著/翻译
185. 修仙:古代中国的修行与社会记忆 [美]康儒博 著 顾漩 译
186. 烧钱:中国人生活世界中的物质精神 [美]柏桦 著 袁剑 刘玺鸿 译
187. 话语的长城:文化中国历险记 [美]苏源熙 著 盛珂 译
188. 诸葛武侯 [日]内藤湖南 著 张真 译
189. 盟友背信:一战中的中国 [英]吴芳思 克里斯托弗·阿南德尔 著 张宇扬 译
190. 亚里士多德在中国:语言、范畴和翻译 [英]罗伯特·沃迪 著 韩小强 译
191. 马背上的朝廷:巡幸与清朝统治的建构,1680—1785 [美]张勉治 著 董建中 译
192. 申不害:公元前四世纪中国的政治哲学家 [美]顾立雅 著 马腾 译
193. 晋武帝司马炎 [日]福原启郎 著 陆帅 译
194. 唐人如何吟诗:带你走进汉语音韵学 [日]大岛正二 著 柳悦 译

.